Les éditions Claire Lumière publient de nombreux ouvrages sur le bouddhisme tibétain. Si vous souhaitez recevoir notre **CATALOGUE** et être tenu au courant de nos publications, il suffit de nous faire parvenir votre nom et votre adresse à l'adresse suivante:

Editions Claire Lumière
Mas Vinsargues
13116 Vernègues

© 1998 - Claire Lumière
Mas Vinsargues
13116 Vernègues - France

ISBN 2 905998-40-7

TCHEUKY SÈNGUÉ

LE TEMPLE
TIBÉTAIN

ET SON SYMBOLISME

Claire Lumière

Sommaire

Avertissement

Les temples tibétains sont extrêmement variés par leur structure, leur architecture et leur décoration. Dans le présent ouvrage, nous nous sommes efforcés de présenter simplement quelques unes de leurs caractéristiques les plus fréquentes en espérant que leur explication pourra aider le visiteur à mieux comprendre ce qu'il voit. De manière inévitable, celui-ci rencontrera dans le temple où ses pas l'ont mené un certain nombre de choses qu'il ne trouvera pas dans ce livre, comme il lira dans le livre un certain nombre de choses qu'il ne rencontrera pas dans le temple. En réalité chaque temple mériterait son guide qui, pour être complet, demanderait sans doute plusieurs volumes.

L'APPROCHE

Une maison, un manoir, un château sont le fruit de l'intelligence, de l'imagination et de l'habileté des humains, bâtis pour le confort et l'agrément de cette vie. Un temple se veut, quant à lui, le reflet terrestre d'une réalité divine, la projection dans la matière pesante de ce monde de l'impalpable lumière d'un autre monde. Ainsi le temple de Jérusalem était-il l'image de la Jérusalem céleste et le Potala de Lhassa la représentation du Potala divin, demeure d'Avalokiteshvara.

Le temple, demeure divine

Le bouddhisme, possédant une vision très vaste de l'univers, conçoit de multiples mondes extra-temporels — autrement dit se situant sur le plan de la manifestation éveillée — appelés "champs purs", sur lesquels règnent des émanations des bouddhas sous la forme de divinités. Le palais de ces divinités s'appelle un "mandala". Le temple tibétain, fidèle à l'idée qui préside à l'édification de tous les sanctuaires, est un reflet à l'usage de nos yeux de chair de ces mandalas célestes perçus par les seuls habitants des champs purs. Le nom même qu'utilisent les Tibétains pour désigner le temple, "lhakhang", en dit assez sur ce qu'il représente, puisqu'il signifie simplement "Demeure (*khang*) des Dieux (*lha*)".

C'est pourquoi, entrer dans un temple, c'est entrer dans le lieu qui préfigure notre propre vie divine, c'est déjà communier avec le mandala des divinités auquel notre conscience se mêlera lorsque, s'étant suffisamment purifiée, elle en possédera la capacité. C'est aussi établir avec les bouddhas un lien qui modifie et enrichit notre esprit par un double canal: la bénédiction et l'accumulation de mérite.

LA BÉNÉDICTION constitue, si l'on peut dire, le canal descendant, celui qui va des bouddhas jusqu'à nous. Il est difficile de définir ce qu'est la bénédiction. Peut-être peut-on simplement la regarder comme le rayonnement de compassion des êtres éveillés, la force de leur esprit d'amour qui s'épanche spontanément sur tous les êtres. Le temple lui-même, qui n'est qu'un assemblage de matériaux solides, n'est certes pas l'esprit des bouddhas; mais il sert de diffuseur, car il en est imprégné: par sa structure, par les cérémonies qui l'ont consacré, par ce qu'il contient, par les maîtres qui l'ont habité et par les rituels qui y sont effectués. Aussi le visiteur, qu'il en soit conscient ou non, est-il irradié par la bénédiction du lhakhang.

L'ACCUMULATION DE MÉRITE serait plutôt, quant à elle, le canal ascendant, celui qui monte de nous vers les bouddhas. Elle demande, le plus souvent, une participation plus active. Accumuler du mérite, c'est engranger dans les tréfonds de notre inconscient, par nos actes physiques, oraux et mentaux, un potentiel d'énergie positive qui nous conduira à obtenir le bonheur et à atteindre la libération. Une voiture ne saurait avancer sans carburant et nous ne saurions progresser sans mérite. Comment un temple permet-il d'accumuler du mérite? En premier lieu par les dons matériels ou par le don du travail que nous pouvons faire afin de réaliser sa construction ou d'effectuer son entretien. En second lieu, par la possibilité qu'il nous donne, de faire des offrandes sur les autels — par exemple des lampes à beurre ou des bougies —, ou encore de nous prosterner devant les statues qui l'habitent, ou encore simplement de nous réjouir de le voir, de l'admirer, d'être touchés par sa présence...

Il est facile de comprendre que, même si son architecture est belle, la beauté est loin d'épuiser les fonctions du temple. Si la visite d'un monument profane réjouit les yeux et l'esprit, l'entrée dans une enceinte sacrée — nous le ressentons bien — touche dans nos profondeurs quelque chose que nous ne saurions identifier. En réalité, l'impact dépasse le cadre de cette vie: l'enrichissement spirituel que nous offre le temple, nous l'emporterons au-delà de la mort.

TOURISME ET PÈLERINAGE - Les temples, au regard des voyageurs occidentaux, sont souvent devenus des lieux de tourisme, activité naguère inconnue des habitants du Pays des Neiges. Pour les Tibétains, les temples restent ce qu'ils ont toujours été: la demeure des dieux (disons encore: la maison de la réalité divine ou de la réalité éveillée) devant lesquels ils viennent se prosterner, auxquels ils viennent présenter leurs offrandes et leurs prières. Des Occidentaux curieux et fortunés parcourent désormais des milliers de kilomètres sur le siège confortable d'un avion pour visiter, par intérêt culturel et artistique, les merveilles de l'architecture tibétaine. Les Tibétains, quant à eux, pour accomplir un pèlerinage à tel ou tel temple particulièrement réputé pour la puissance de sa bénédiction, n'hésitaient pas à accomplir des centaines de kilomètres, dans le froid et la poussière, en se prosternant tout au long du chemin. De cet élan sacré, il restera sans doute une trace indélébile qui marquera le cœur de tous les visiteurs, serait-ce à leur insu et malgré la tourmente des temps.

RÉSURGENCE - Voulant faire descendre les champs purs sur la Terre, le bouddhisme s'était efforcé de répandre sur le Pays des Neiges la parure d'une constellation de sanctuaires resplendissants. Plus de six mille temples ornaient la haute terre du Tibet. Les terribles coups de boutoirs assénés par la Révolution Culturelle chinoise de triste mémoire ont réduit en poussière la presque totalité de ces bornes lumineuses. La flamme ne s'est pas éteinte pour autant: les lamas tibétains en exil, avec foi, détermination et courage, ont de nouveau donné l'élan de la construction divine que ce soit en Inde, en Amérique ou sur le Vieux Continent.

La "visite guidée" que nous proposons s'adresse aussi bien aux voyageurs parcourant le Tibet ou les colonies tibétaines en Inde, qu'à ceux que la force de leur aspiration ou le hasard de leurs pas guidera jusqu'aux portes des temples tibétains d'Occident.

Un lieu choisi

Bien que le temple soit un reflet céleste, son ancrage terrestre requiert la plus grande attention. De même que le joyau, pour resplendir, a besoin d'un écrin choisi, de même le sanctuaire, pour diffuser toute sa puissance, nécessite un environnement particulier.

Le sanctuaire chrétien, judaïque ou islamique, de par sa fonction même de lieu de rassemblement des fidèles, se doit d'être construit au centre des cités. Le temple bouddhiste, étant avant tout une partie d'un monastère, se trouve traditionnellement à l'écart de toute agglomération, dans un site sauvage et isolé. Il faut se rappeler qu'à l'origine, la communauté monastique bouddhique en Inde avait pour vocation de parcourir sans cesse les routes, ne dérogeant à cette coutume qu'à l'occasion de la saison des pluies, en été. Ce sont les bienfaiteurs du Bouddha et de ses moines qui, pour faciliter ces haltes estivales, ont commencé à construire des structures en dur, dressant ainsi, presque incidemment, les premiers monastères.

Outre son isolement, le site accueillant le temple doit, dans la mesure du possible, posséder les caractéristiques principales suivantes: LES TRAITS GÉNÉRAUX, LES "QUATRE PILIERS DU SOL" ET LES "QUATRE GARDIENS".

• *Les traits généraux* sont les suivants: une haute montagne derrière, de nombreuses collines en face, deux rivières venant de droite et de gauche et se rejoignant devant, une vallée ouvrant le paysage.

• *Les quatre piliers du sol* forment comme des limites aux quatre points cardinaux:
  - à l'est, un espace ouvert;
  - au sud, comme un amas;
  - à l'ouest, un renflement;
  - au nord, une montagne "semblable à un rideau".

• *Les quatre gardiens* sont comparés à quatre animaux:
  - le tigre, à l'est, est matérialisé par un chemin de roches grises;
  - le dragon turquoise, au sud, prend la forme de verdure longeant une rivière;
  - l'oiseau, à l'ouest, est représenté par une terre ou une roche rouge;
  - la tortue, au nord, revêt l'aspect d'une roche "barbue".

Une telle description ne peut être qu'idéale. Aussi les bâtisseurs s'efforcent-ils de regrouper au mieux ces conditions, sans vouloir nécessairement disposer de toutes.

Leur raison d'exister ne saurait se réduire à la seule volonté d'intégrer l'architecture au paysage, ni à l'unique souci de procurer un sentiment de force et de puissance. Il faut y ajouter une certaine connaissance des forces telluriques (dont on tenait aussi grand compte, semble-t-il, dans la construction des églises au Moyen-Âge), ainsi que le respect d'une population invisible d'esprits de catégories variées peuplant les monts, les vallées et

les eaux; s'attirer leur bienveillance est un gage de stabilité et d'harmonie, les déranger ou bien susciter leur courroux ne saurait qu'entraîner des troubles, voire des maladies.

Voyons maintenant ce qui, entourant le temple, rehausse et soutient son rayonnement sur le monde: les drapeaux de prières, les stoupas et les moulins à prières. Nous parlerons aussi des moines, dont le sourire accueille le visiteur dès avant qu'il pénètre l'enceinte sacrée.

Les drapeaux de prières

Du plus loin que l'on vienne, ce que l'on remarquera en premier, en bordure d'un monastère ou d'un temple, ce sont les drapeaux de prières. Multicolores, flottant et claquant au vent, ils impriment un mouvement de légèreté, de fraîcheur et de gaieté qui se ressent partout alentour.

Ces drapeaux sont de deux sortes:

- Les *loungta*, mot à mot, "chevaux (*ta*) de vent (*loung*)", se présentent sous la forme de fanions rectangulaires, de différentes couleurs, enfilés en alignement sur de longues cordes. Imprimés

de différents mantras ainsi que de signes astrologiques, ils sont regardés comme des porte-bonheur et comme possédant la capacité d'écarter les difficultés.

- Les *darchok*, longues bannières accrochées à des mâts en bois ou en bambous de trois à cinq mètres de haut, variantes du loungta, bordent généralement l'allée menant au monastère, formant une haie majestueuse et élancée qui semble accueillir le visiteur avec une allégresse mêlée de douceur. Ces bannières, originellement de couleurs variées mais souvent délavées par les intempéries, sont recouvertes de haut en bas de différents textes sacrés tels que le *Soutra de la Pointe de la Bannière de Victoire*.

Dans le vocabulaire courant, loungta a pris le sens de "chance" ou de "succès", notamment du point de vue astrologique. Examinant l'avenir d'une personne, l'astrologue dira par exemple que, pour l'année qui vient, elle manque de "loungta" et lui conseillera, pour équilibrer le sort, de dresser de nombreux loungta,

Un loungta
Porte-bonheur et prières pour le bien de tous,
les fanions marqués des "chevaux de vent" flottent
joyeusement autour des maisons
et des monastères.

matériellement parlant. On comprend par là pourquoi les Tibétains sont si assidus à couvrir de drapeaux de prières leurs habitations.

Devant les monastères, les drapeaux de prières, qui égaient le ciel et soulignent le chemin, tout en remplissant leur fonction de porte-bonheur, servent aussi à diffuser la bienveillance des boud-dhas. Ils sont imprimés, en effet, de nombreuses formules sacrées; quand le vent passe, il caresse au passage ces formules, s'imprègne de leur bénédiction et s'en va la redistribuer à tous ceux qu'il touchera ensuite dans sa course.

Les stoupas

Il est très fréquent que soient érigés en bordure des temples un ou plusieurs stoupas (tib. *tcheutèn*). Ces monuments, que *Tintin au Tibet* a contribué à rendre célèbres, se sont apparemment ins-crits dans l'esprit occidental comme l'emblème de l'architecture religieuse du Tibet. Tenant à la fois de la chapelle et du clocher, s'intégrant parfaitement au paysage aride du Tibet — et parais-sant bien s'adapter à celui, verdoyant, de l'Occident — ils sem-blent sortir spontanément du sol pour s'élever vers l'azur.

Sous son apparente simplicité, le stoupa est une construction répondant à UN SYMBOLISME COMPLEXE, que nous ne pouvons expliquer en entier dans le cadre de cet ouvrage. Disons seule-ment qu'il correspond aux différents aspects de la progression vers l'Eveil.

Citons quelques exemples de cette richesse symbolique:

• La *plate forme* (①) qui soutient l'édifice représente l'éthique des "dix vertus" sur laquelle repose toute pratique spirituelle:
– les trois vertus du corps:
  - protéger la vie,
  - pratiquer la générosité,
  - garder une conduite sexuelle pure;
– les quatre vertus de la parole:
  - dire la vérité,
  - réconcilier,
  - parler de manière calme et agréable,
  - parler à bon escient;
– les trois vertus de l'esprit:
  - la bienveillance,
  - le contentement,
  - la pensée juste.

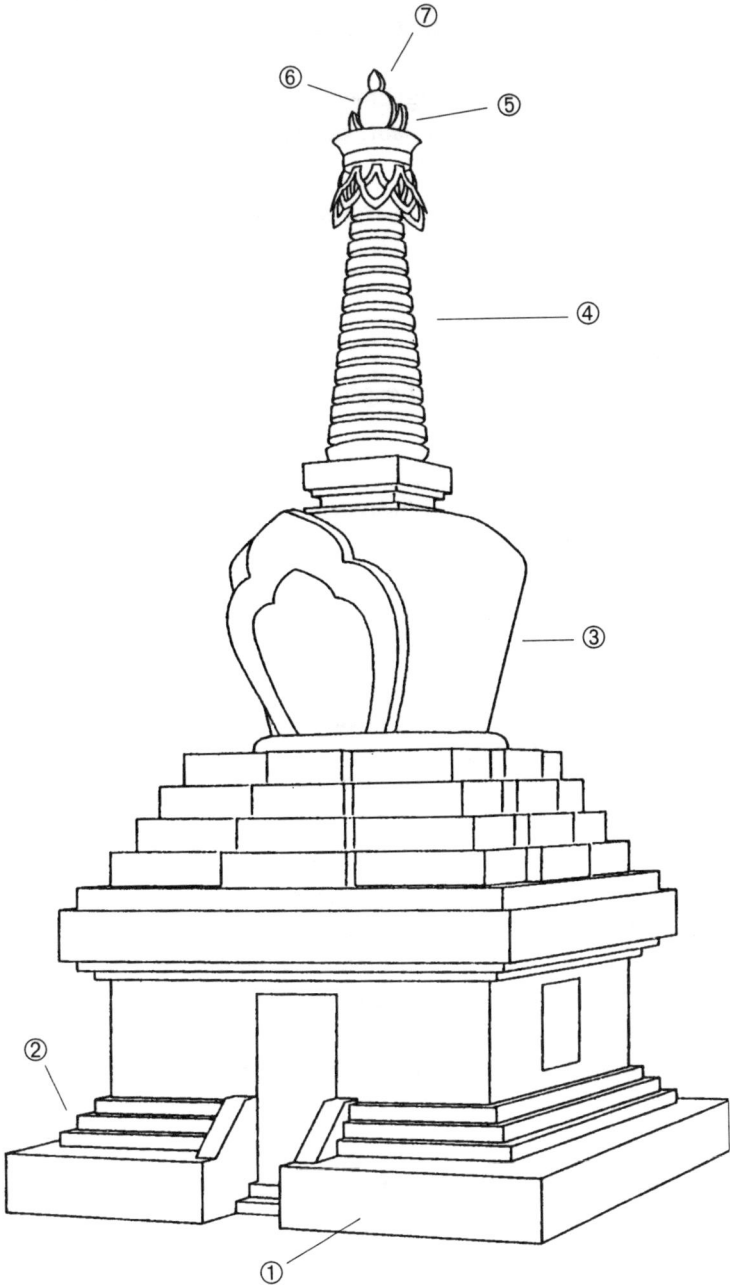

Figure emblématique du bouddhisme tibétain,
le **stoupa** dresse harmonieusement sa flèche vers le ciel
et répand la bénédiction de l'esprit des bouddhas.

• Les *trois marches* (②) de la base symbolisent les Trois Joyaux sous la protection desquels se placent tous les bouddhistes:
   - le Bouddha,
   - le dharma (son enseignement),
   - la sangha (la communauté de ceux qui réalisent et transmettent cet enseignement).

• Le *vase* (③) représente les "sept Branches de l'Eveil":
   - l'attention,
   - la connaissance,
   - la diligence,
   - la joie,
   - la parfaite souplesse d'esprit,
   - la concentration,
   - l'équanimité.

• Les *treize anneaux* (④) désignent les "dix forces" et les "trois parfaites attentions":
   - la force de la pensée,
   - la force de la pensée supérieure,
   - la force de la mémoire,
   - la force de la concentration,
   - la force de la parfaite application,
   - la force de l'autorité,
   - la force de l'assurance,
   - la force des souhaits,
   - la force de l'amour et de la compassion,
   - la force de la bénédiction de tous les Bouddhas,
   - la parfaite attention par laquelle le Bouddha ne retire pas de satisfaction lorsque les disciples l'écoutent avec respect,
   - la parfaite attention par laquelle le Bouddha ne conçoit pas de colère lorsque les disciples ne l'écoutent pas avec respect,
   - la parfaite attention par laquelle le Bouddha reste équanime lorsque certains disciples l'écoutent avec respect et d'autres non.

• La *lune* (⑤) représente l'élimination de toutes les souffrances.

• Le *soleil* (⑥) symbolise le rayonnement des mille lumières de la compassion.

• Le *joyau du sommet* (⑦) symbolise la réalisation de tous les souhaits.

Plus encore que de sa structure apparente, le stoupa tient cependant son importance de ce qu'il contient et qu'on ne voit pas: une multitude d'objets consacrés et de reliques, souvent les cendres de grands lamas défunts. C'est de là qu'il tient sa force et sa puissance; c'est ce qui lui confère sa fonction: transmettre la bénédiction du Bouddha à tous ceux qui le verront, le toucheront ou y penseront.

Il est dit que le stoupa est le support de l'esprit du Bouddha, de même que les textes sacrés sont le support de sa parole et les statues le support de son corps.

Il existe **DIFFÉRENTES SORTES DE STOUPAS**, dont huit principaux, en rapport avec des événements de la vie du Bouddha:
- le stoupa de la multitude de lotus (naissance),
- le stoupa de l'Eveil,
- le stoupa de la mise en mouvement de la roue du dharma (premier enseignement),
- le stoupa de la descente du monde des dieux (dans lequel le Bouddha était monté un moment afin d'enseigner sa mère qui y avait repris naissance),
- le stoupa de la réconciliation,
- le stoupa des prodiges (destinés à convertir des hérétiques),
- le stoupa de la parfaite victoire (c'est-à-dire de la victoire sur la mort),
- le stoupa du *parinirvana* (le décès du Bouddha).

On verra souvent des moines et des laïcs marcher autour du stoupa dans le sens des aiguilles d'une montre, en suivant la route du soleil. C'est ce qu'on appelle accomplir des **CIRCUMAMBULATIONS**. Par cet acte, généralement accompagné de la récitation d'un mantra, on témoigne du respect au

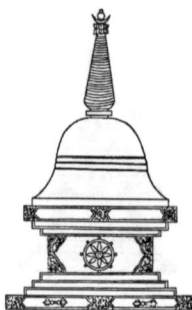

stoupa et l'on s'imprègne de sa bénédiction. On accumule aussi du mérite (tendances karmiques positives), même involontairement, comme en témoigne l'histoire suivante.

A l'époque du Bouddha vivait un brahmane du nom de Viradutta qui, rejeté par sa famille et n'ayant plus de moyens de subsistance, désirait entrer dans la communauté des moines bouddhistes. Allant trouver Sariputra et Maudgalyayana, les deux principaux disciples du Bouddha, il leur demanda de lui conférer l'ordination. Examinant les tréfonds de la conscience du brahmane, les deux disciples ne purent cependant y déceler la moindre trace de mérite et pensèrent impossible d'accéder à sa requête. Ils jugèrent qu'il faudrait encore au pauvre homme cent mille existences avant qu'il puisse atteindre l'état d'arhat (la libération).

Désespéré, Viradutta se rendit sur la berge de la rivière voisine, fit une prière pour renaître comme disciple du Bouddha dans sa vie à venir, et s'apprêta à s'y jeter pour être emporté par les flots.

C'est alors que, soudain, le Bouddha lui-même se présenta à lui, le retint dans son geste et lui en demanda la raison. Viradutta relata la cause de son désespoir. Contrairement à l'opinion de ses disciples, le Bouddha accepta de le recevoir dans la communauté monastique. Les moines, quant à eux, s'étonnèrent de cette décision, ne voyant pas comment pouvait être admis dans leurs rangs un homme dépourvu du moindre mérite.

Le Bouddha leur expliqua alors que l'ampleur de ses capacités lui permettait de voir ce que ses disciples même les plus élevés ne pouvaient pas voir. Ainsi, raconta-t-il, voici plus de 100 000 vies auparavant, le brahmane avait pris naissance sous la forme d'un cochon qui avait l'habitude de chercher sa nourriture aux alentours d'un stoupa. Un chien de mauvaise humeur se mit un jour à le pourchasser et, dans sa fuite, le cochon, tournant autour du monument et l'effleurant par moment, reboucha involontairement plusieurs fissures grâce à la boue qui recouvrait ses soies. Non seulement avait-il accompli une circumambulation autour du stoupa, mais il l'avait aussi restauré! C'était assez de mérite pour qu'il puisse recevoir l'ordination.

Viradutta devint un très bon moine et obtint l'état d'arhat.

Les circumambulations constituent un acte de dévotion très habituel. Elles s'effectuent, toujours dans le sens des aiguilles d'une montre, autour des stoupas, mais on peut aussi en faire autour des monastères et des temples, voire des montagnes sacrées. Ainsi les pèlerins qui se rendent au fameux Mont Kaïlash, dans l'ouest du Tibet, opèrent-ils une longue circumambulation de plusieurs jours autour de la montagne, bravant l'altitude, le froid et le vent.

Les moulins à prières

Le moulin à prières (tib. *mani korlo*) est un des objets du bouddhisme tibétain les plus connus en Occident, peut-être simplement à cause de son nom étrange, peut-être parce qu'on voit souvent de pieux laïcs en tenir un en main et le faire tourner continuellement.

Il existe, en réalité, plusieurs sortes de moulins à prières: les petits dont nous venons de parler, pourvus d'un manche en bois, destinés à l'usage personnel, que l'on peut facilement utiliser en étant assis ou en marchant; d'autres, plus grands, fichés verticalement sur des axes fixes, souvent disposés en rangée le long d'un chemin ou d'une route menant au temple, de manière que les passants puissent entraîner leur mouvement de la main; d'autres encore, sous la forme d'impressionnants cylindres mesurant jusqu'à deux mètres de haut, installés dans une chapelle ou dans un stoupa, dotés de poignées permettant de les entraîner.

Quels que soient la taille et l'emplacement du moulin à prières, le principe reste toujours identique. Le cylindre lui-même n'est qu'une enveloppe; l'essentiel est à l'intérieur, sous forme de *mantras* imprimés sur des feuilles de papier enroulées autour de l'axe du moulin. Les mantras (tib. *ngak*) sont des formules sacrées, énoncées par le Bouddha et conservées en langue sanscrite. Ils constituent la forme orale de la réalité éveillée, le son divin par excellence. Aussi considère-t-on que le mantra possède une bénédiction particulière, une force bénéfique qui lui est inhérente. Réciter un mantra, l'entendre, le voir ou le toucher permettent d'entrer dans le courant de cette force.

Faire tourner un moulin à prières, c'est mettre en mouvement l'énergie des mantras qu'il contient, c'est la répandre et la diffu-

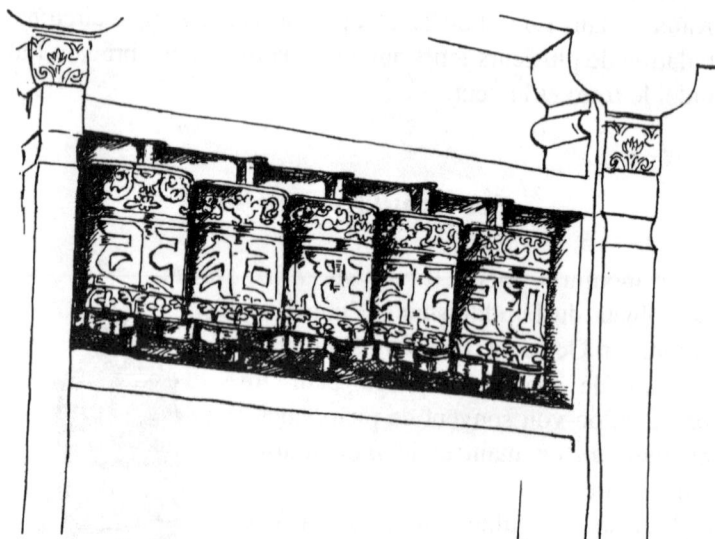

Les alignements de **moulins à prières** sont très fréquents
en bordure des temples et des stoupas.
Les pélerins les font tourner en formulant leurs souhaits.

ser tout autour, dans l'idée qu'elle sera bénéfique non seulement pour celui qui utilise l'objet, mais aussi pour tous ceux, hommes, animaux ou esprits invisibles, sur qui s'épancheront les ondes émanant des formules sacrées.

Un esprit trop cartésien verra sans doute là, tout comme dans les drapeaux de prières ou dans d'autres aspects du bouddhisme tibétain, l'expression d'une pieuse et inoffensive superstition. Un esprit bouddhiste, quant à lui, y verra l'interaction de l'esprit et de la matière, les deux n'étant pas séparés: la puissance de l'esprit possède la capacité de s'imprimer dans la dynamique de la matière, laquelle rebondit à son tour sur l'esprit.

Le moulin à prières possède, d'après les Tibétains, un effet automatique, à tel point que des moulins à rotation électrique ont été installés en Occident; mais cet effet sera grandement accru si l'utilisateur récite lui-même des mantras en même temps qu'il imprime la rotation, accru encore par son recueillement et par sa motivation compatissante.

Les moines

Un temple sert avant tout de lieu d'assemblée à un monastère. Aussi, avant même d'approcher le bâtiment, aura-t-on fort probablement rencontré des moines, aisément reconnaissables à leur habit bordeaux et à leur crâne rasé.

Au Tibet, la plupart des moines étaient "offerts" au monastère dès leur enfance. Ils y étaient élevés en communauté, apprenant le respect des anciens, la vie en commun et, apparemment, beaucoup de joie fraternelle. Ils y recevaient une éducation faisant d'eux des "professionnels" de la religion: lecture et écriture des textes sacrés, mémorisation de nombreux rituels, apprentissage des différents instruments de musique, de la confection des *tormas* (figurines rituelles, cf. p. 90), etc. Ceux qui manifestaient des dons pour les études étaient longuement entraînés aux arcanes de la philosophie et de la logique bouddhistes. Ceux qui révélaient des dons pour la méditation étaient spécialement formés dans des centres de retraite à l'écart du monastère, généralement pendant plusieurs années, voire passaient la majeure partie de leur existence dans un ermitage. Les moines qui ne manifestaient pas de capacités remarquables étaient principalement employés à exécuter des rituels, pour le bien de toute la communauté bouddhiste et de tous les êtres en général.

Les moines ne travaillaient pas; ils étaient entretenus individuellement par des parents ou des laïcs participant par ce biais à leur activité bénéfique. S'était ainsi établie une symbiose harmonieusement vécue entre les bienfaiteurs apportant leur soutien matériel et les moines accomplissant une tâche religieuse qu'ils ne concevaient nullement comme un projet individuel, mais comme une pièce maîtresse et efficace du bien-être de toute la société.

LES VŒUX - Se conformant aux règles établies par le Bouddha dans le Vinaya, les moines possédant l'ordination mineure (sct. *shramanéra,* tib. *guétsul*) s'engagent à respecter 36 vœux, tandis que ceux qui ont reçu l'ordination majeure (sct. *bhikshu,* tib. *guélong*) doivent observer pas moins de 253 vœux. Beaucoup de ces vœux constituent des observances mineures qui s'ajoutent aux cinq principes fondamentaux:

Le moine, fondement de la communauté bouddhiste, est vêtu, dans la tradition tibétaine, d'épais habits bordeaux: une jupe (tib. *shantap*) aux multiples plis et un très vaste châle (tib. *zen*) recouvrant une chemise jaune sans manches. Son bras droit reste habituellement découvert.

- ne pas tuer (humains et animaux),
- ne pas voler,
- ne pas mentir,
- observer la chasteté,
- ne pas prendre d'intoxiquants (alcool, drogue).

Les vœux secondaires (qui, selon les circonstances, ne sont pas toujours strictement observés), concernent une multitude de circonstances de la vie quotidienne, règles qui se sont forgées progressivement du vivant du Bouddha en réponse à l'inconduite de certains moines.

L**E LAMA** - Il est nécessaire de distinguer entre le moine et le *lama,* termes que les Occidentaux utilisent souvent l'un pour l'autre. Est moine celui qui a pris les vœux et s'y conforme. Est lama celui qui a reçu une formation en méditation suffisante pour servir de guide en matière spirituelle. Tous les moines ne sont donc pas lamas et il existe aussi des lamas qui, n'étant pas moines, peuvent fort bien être mariés.

Bien qu'on en fasse aujourd'hui un usage très large, le titre de lama était, à l'origine, réservé aux grands maîtres possédant une profonde réalisation. Utilisé pour traduire le sanscrit gourou, son sens profond se révèle par l'explication de chacune de ses syllabes: *la,* signifiant "insurpassable", se réfère à la sagesse immense du maître, tandis que *ma,* "mère", désigne son infinie compassion.

Au sens plein, le lama est donc celui qui, libéré de la confusion ordinaire et de l'ignorance, incarne parfaitement les deux qualités majeures selon le bouddhisme:
- la sagesse, autrement dit la connaissance de la véritable nature de l'esprit, de la personne et de toute chose;
- la compassion (équanime, inconditionnelle, spontanée et sans limites), qui, sans regard pour soi-même, cherche continuellement à soulager les êtres de la souffrance, de manière immédiate et de manière définitive.

Il existe certainement, de nos jours encore, de tels lamas regardés à la fois comme des sages et des saints, objets d'une immense vénération et d'un infini respect de la part du peuple tibétain.

Au sens plus ordinaire, toutefois, la majorité des lamas, sans posséder la plénitude de ces qualités, sont des personnes qui, formées par la retraite et par l'étude, continuent leur progression spirituelle en même temps qu'elles s'efforcent, au mieux de leurs capacités, d'aider ceux qui cheminent sur la voie. Ils assument aussi des fonctions semblables à celles d'un prêtre pour assister les laïcs lors des différentes étapes de l'existence.

Mentionnons quelques **AUTRES TERMES DE LA HIÉRARCHIE** religieuse:
- *Guéshé* et *Khèmpo* sont des titres d'érudition, quelque chose comme "docteur en bouddhisme"; ils couronnent de nombreuses années d'études consacrées, notamment, à la mémorisation des textes et à l'apprentissage de la logique.
- *Rimpotché,* qui signifie "précieux", est une épithète honorifique attribuée à un lama en raison de sa position hiérarchique, de sa réalisation spirituelle ou de son érudition.

- *Tulkou* ("corps d'émanation") désigne la réincarnation d'un grand lama, reconnu et réinstallé dans ses fonctions. Les tulkous portent automatiquement le titre de rimpotché.

Tels sont la situation et l'environnement du temple dont nous allons maintenant regarder l'extérieur de plus près.

L'EXTÉRIEUR

Pignon d'or dessiné
par Kalou Rimpotché.

Il existait au Tibet des monastères de toutes tailles, certains formant de véritables villes abritant jusqu'à plusieurs milliers de moines, d'autres très modestes n'en regroupant que quelques uns. Les grands monastères comprenaient un grand nombre de bâtiments imbriqués les uns dans les autres, dont plusieurs temples. On ne saurait donc s'attendre à une architecture unique, pas plus qu'à une décoration uniforme. Nous ne décrirons ici que des éléments typiques, qui se retrouvent fréquemment mais non obligatoirement.

Symbolisme général

Voyons en premier lieu le temple tel qu'il nous apparaît dans sa majesté: ses proportions sont indéniablement harmonieuses, donnant un sentiment de force chaleureuse et de stabilité rassurante; les couleurs, le plus souvent blanc et brun, se marient au paysage en même temps qu'elles soulignent la présence de l'édifice. En soi-même, l'impression dégagée suffirait sans doute à témoigner de la grandeur et de la bonté du royaume spirituel; elle est cependant soutenue par une riche signification symbolique.

Celle-ci peut certainement être explicitée de manières variées. Nous suivrons ici les explications données par Kalou Rimpotché (1904-1989), un Maître tibétain qui travailla beaucoup à l'établissement du bouddhisme en Occident, à propos du temple de Paris, construit sous sa direction au début des années 80. Il est certain que la plupart des éléments décrits ici ont d'abord une utilité architecturale; mais il est intéressant de noter comment, dans l'esprit traditionnel de la culture tibétaine, la fonction matérielle est recouverte par le sens symbolique: la maison divine, même si elle ressemble à la maison des hommes, ne saurait tout à fait lui être comparée, car elle rayonne de la puissance invisible de la réalité spirituelle.

Voyons donc le détail du symbolisme de l'architecture extérieure:

• *Les marches du porche* symbolisent les "quatre attentions parfaites":
- attention parfaite au monde extérieur,
- attention parfaite au corps,
- attention parfaite aux sensations,
- attention parfaite aux phénomènes mentaux.

Le temple représenté ici a été construit dans le Bois de Vincennes à Paris dans le respect de la pure tradition tibétaine. Sur le toit, on distingue le pignon d'or et la Roue du Dharma flanquée des deux biches. Les numéros renvoient à la description du symbolisme général dans notre texte.

• *Les quatre piliers* sur le devant du porche représentent les "Quatre Nobles Vérités" (cf. p. 63):
- vérité de la souffrance,
- vérité de l'origine de la souffrance,
- vérité de la cessation,
- vérité du chemin.

• *La porte d'entrée* symbolise l'entrée sur le chemin de la libération.

• *Les quatre côtés* de l'édifice désignent les "quatre activités" par lesquelles les êtres éveillés accomplissent le bien de tous:

- pacification,
- accroissement (des biens matériels et des qualités),
- pouvoir,
- courroux.

• *Les trois niveaux du temple* correspondent aux "trois corps de l'Eveil", c'est-à-dire les différents plans de l'être d'un bouddha:
- le Corps Absolu (l'infini non-manifesté de son esprit),
- le Corps de Gloire (manifestation d'un bouddha sous une forme subtile),
- le Corps d'Emanation (manifestation d'un bouddha sous une forme matérielle, humaine ou autre).

• *La marquise* (①) marque la prééminence du spirituel sur le temporel.

• *La frise rouge* (②) représente la capacité qu'a le dharma d'établir les êtres dans les champs de manifestation pure, les paradis créés par l'esprit des Bouddhas.

• *Les embouts des poutres* (③) symbolisent le rayonnement de mille lumières transmettant la bénédiction de l'Eveil.

• *Les fenêtres* correspondent à la "vision illimitée" qui perçoit simultanément dans toutes les directions.

• *Le toit* représente la fin de toute souffrance.

Notons qu'au Tibet, il arrive que, devant la façade du temple, soit tendue une grande pièce de tissu noir. Tissée en épaisse laine de yak, elle n'a d'autre fonction que de protéger du froid intense régnant sur les hauts plateaux. Elle est ornée de grands diagrammes circulaires, dérivés de signes de bon augure d'origine chinoise.

Diagramme de bon augure

D'origine chinoise, on le retrouve sur de nombreux tissus, y compris les tentures à l'entrée des temples destinées à protéger du froid.

Un toit brillant d'or

Surmontant la masse souvent imposante d'un temple, brillent sur le toit plusieurs ornements recouverts d'or qui ne sauraient manquer d'attirer l'œil: une roue flanquée de deux biches, des bannières de victoire et un pignon doré.

LA ROUE FLANQUÉE DES DEUX BICHES est posée en bordure du toit, de manière à être très visible. La roue elle-même, qui transmet une idée de mouvement, de propagation sur la Terre entière, symbolise l'enseignement du Bouddha, le dharma; on l'appelle donc une Roue du Dharma. Ses huit rayons représentent l'Octuple Noble Sentier (vue juste, pensée juste, parole juste, effort juste, moyens de subsistance justes, attention juste, absorption juste,

La Roue du Dharma flanquée des deux biches

Symbole de l'enseignement du Bouddha et des disciples qui l'écoutent attentivement, elle borde presque toujours le toit du temple. Le moyeu de la roue est ici occupé par un "tourbillon de joie" : formé de trois joyaux enlacés et tourbillonnants, il représente la joie inhérente à la pureté de l'esprit. Dans certains cas, les biches sont remplacées par des licornes.

action juste). Les biches, quant à elles, rappellent les circonstances dans lesquelles le Bouddha, selon l'expression consacrée, mit en mouvement pour la première fois la Roue du Dharma, c'est-à-dire donna son premier enseignement.

Après avoir obtenu l'Eveil sous l'Arbre de la Bodhi à Bodhgaya, le Bouddha, en effet, considérant la profondeur de l'état qu'il avait atteint, pensa tout d'abord qu'il ne servirait à rien d'enseigner, car personne ne pourrait comprendre. Il déclara:

"J'ai trouvé un Dharma pareil à l'ambroisie,
Profond, paisible, simple, incomposé, radieux.
Comme nul n'entendrait ce que j'en montrerais,
Je demeurerai coi au cœur de la forêt."

Toutefois, sept semaines plus tard, il reconsidéra son jugement et choisit de communiquer sa découverte. Il décida de guider en premier lieu cinq ascètes qui avaient été à ses côtés au cours des six années de terribles austérités auxquelles il s'était précédemment adonné. Il alla les retrouver à Sarnath, en bordure de l'actuelle ville de Bénarès, et leur délivra son premier enseignement, développant le thème des Quatre Nobles Vérités (cf. p. 63). Ceci eut lieu dans un endroit nommé le Parc des Gazelles (ou Parc des Biches). C'est pour commémorer cet événement que la Roue du Dharma est assistée de deux biches. Celles-ci sont non seulement un rappel de la "mise en mouvement" de l'enseignement, mais elles représentent aussi les disciples attentifs, suggérant que le dharma est pour eux source de paix, de douceur et d'humilité.

LES BANNIÈRES DE VICTOIRE (tib. *gyaltsèn*) se présentent sous la forme de cylindres métalliques agrémentés de reliefs; elles sont fichées à chaque coin du toit. Ces bannières, originellement en tissu, symbolisaient dans l'Inde ancienne la victoire d'une armée sur le camp ennemi. Elles ont été reprises par la tradition bouddhiste pour représenter la victoire du dharma sur les forces négatives, du spirituel sur le temporel. On les trouve non seulement bordant les terrasses, mais aussi, comme nous le verrons plus loin, à l'intérieur du temple (cette fois-ci en tissu) ou bien encore, fixées au bout d'un long manche, dans les processions rituelles.

Bannières de victoire

Symbole très fréquent, il dénote la suprématie du spirituel sur le temporel. A gauche, bannière de victoire ordinaire, à droite, "bannière du cœur", surmontée d'un trident.

Sur le toit des monastères, on remarque parfois deux sortes de bannières de victoire: les plus fréquentes sont en métal (doré ou non); d'autres sont enrobées de tissu noir et surmontées d'un trident. Ces dernières, appelées "bannières de victoire du cœur" (tib. *touk gy gyaltsèn*), rappellent davantage la présence des divinités d'aspect farouche connues sous le nom de "protecteurs du dharma" (cf. p. 76).

LE PIGNON D'OR (tib. *sertok*) pointe vers le ciel au sommet du petit toit incliné qui surplombe habituellement la terrasse constituant la plus grande partie du toit du temple tibétain.

Les rondeurs et les resserrements du pignon d'or lui donnent une forme très particulière; celle-ci, comme toujours chez les Tibétains, n'est pas seulement le reflet d'une recherche

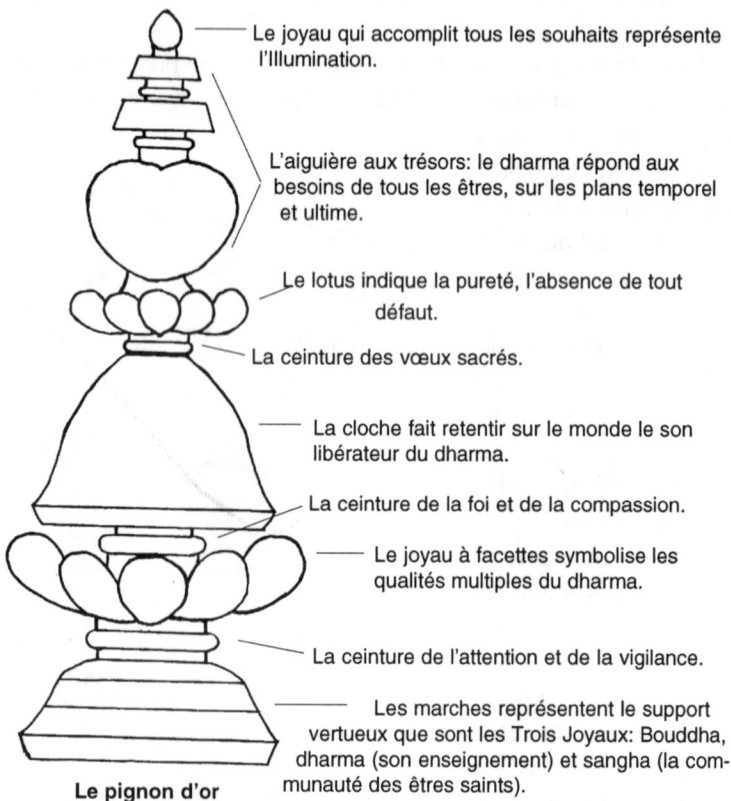

Le joyau qui accomplit tous les souhaits représente l'Illumination.

L'aiguière aux trésors: le dharma répond aux besoins de tous les êtres, sur les plans temporel et ultime.

Le lotus indique la pureté, l'absence de tout défaut.

La ceinture des vœux sacrés.

La cloche fait retentir sur le monde le son libérateur du dharma.

La ceinture de la foi et de la compassion.

Le joyau à facettes symbolise les qualités multiples du dharma.

La ceinture de l'attention et de la vigilance.

Les marches représentent le support vertueux que sont les Trois Joyaux: Bouddha, dharma (son enseignement) et sangha (la communauté des êtres saints).

Le pignon d'or

Il contient des mantras et des reliques qui font de lui comme une antenne diffusant des bénédictions.

esthétique, mais plutôt d'une symbolique exprimant de nombreuses qualités du dharma. Dans la légende du dessin de la page précédente, nous nous fondons sur une explication de la signification du pignon d'or donnée par Kalou Rimpotché.

L'UTILISATION DE L'OR - Les Tibétains aimaient utiliser pour leurs temples de grandes quantités d'or, dont ils recouvraient non seulement le pignon, mais aussi, quand ils le pouvaient, les toits, les statues ou d'autres objets. Il n'est pas rare que cette magnificence déroute les Occidentaux, qui voient une sorte de contradiction entre la pauvreté (mais, disons-le, rarement l'indigence) du peuple tibétain et l'utilisation des biens précieux à des fins qu'ils jugent secondaires. Pourquoi secondaires? Parce qu'ils y voient avant tout une décoration. Les Tibétains en général, et les Maîtres en particulier, ont une tout autre idée de l'usage de l'or pour les temples. S'il s'agissait simplement d'agrément esthétique, sans doute seraient-ils les premiers à regretter ce déploiement de richesses. Cependant, parer d'or la demeure divine remplit une fonction bien différente, qui est triple:
- tout d'abord, en offrant ce qui, aux yeux des hommes, symbolise la richesse, on fait l'apprentissage du détachement;
- en deuxième lieu, par la valeur de ce que l'on offre, on comprend d'autant mieux la valeur de ceux à qui l'on offre; l'importance de l'offrande donne en elle-même de l'importance au chemin que l'on veut parcourir;
- en troisième lieu, par l'offrande, on accumule du mérite, autrement dit, on produit du karma positif, facteur, dès cette vie, de bien-être et de bonheur pour l'ensemble des habitants de la planète, facteur encore de bien-être et d'énergie spirituelle pour les vies futures.
    En fait, loin d'être un gaspillage, l'utilisation de l'or pour l'embellissement des temples est, dans l'esprit tibétain, un troc intelligent et fructueux: on donne un bien matériel limité en échange de qualités dont la portée excède le cadre de cette vie.

Les symboles de bon augure

La frise rouge qui enserre le temple, ou bien encore d'autres parties de ses murs, est fréquemment ornée de symboles appartenant à la série des *huit symboles de bon augure*:
- la conque dextrogyre,
- la bannière de victoire,
- le parasol,
- la roue,
- les poissons d'or,
- le nœud sans fin,
- le lotus,
- le vase aux trésors.

LA NOTION DE BON AUGURE occupe une place très importante dans l'esprit des Tibétains. La manifestation est conçue dans le bouddhisme non comme une collection d'éléments indépendants, mais comme un réseau interdépendant où chaque élément dépend des autres et influe sur eux. D'une certaine manière, les sciences telles que nous les entendons (physique, chimie, biologie, etc.) ne font rien d'autre qu'étudier cette interdépendance. Elle est toutefois conçue de manière beaucoup plus vaste dans la pensée bouddhiste que ce que nous le faisons habituellement: en effet, non seulement les phénomènes physiques inter-agissent selon des lois qui leur sont propres, mais il se produit aussi une inter-action très subtile et très profonde entre le monde extérieur, le monde intérieur et même le destin des individus. Aussi existe-t-il, dans ce cadre, des signes de "bon augure": ce sont les éléments de l'interdépendance ayant la capacité de favoriser dans le présent le bonheur, dans le futur une heureuse destinée.

La conque dextrogyre

La conque blanche dextrogyre, c'est-à-dire s'enroulant vers la droite, symbolise le son du dharma profond, qui se répand au loin et s'accorde aux aspirations, aux capacités et aux prédispositions des disciples, éveille les êtres du sommeil de l'ignorance et les incite à accomplir leur propre bien ainsi que le bien des autres

La bannière de victoire

La bannière de victoire représente la victoire sur les négativités et les obstacles grâce aux actes accomplis par le corps, la parole et l'esprit. Elle témoigne aussi de la complète victoire du dharma sur les forces du mal.

Le parasol

Le précieux parasol symbolise l'activité qui protège les êtres. En cette vie, il les garde des maladies, des obstacles, des accidents, des esprits malins, etc. Dans leurs vies à venir, il les protège des souffrances des trois mondes inférieurs (enfers, esprits avides et animaux). Le parasol symbolise aussi la joie de la fête des actes positifs, rafraîchie par son ombre.

La roue

La roue d'or symbolise la mise en mouvement de la roue du dharma, c'est-à-dire la propagation de l'enseignement du Bouddha, à la fois sous sa forme théorique et sous sa forme pratique, dans toutes les directions et dans toutes les époques, enseignement grâce auquel les êtres connaissent le bonheur des actes positifs et de la libération.

Les poissons d'or

Les poissons d'or augurent de l'absence de crainte des êtres lorsqu'ils sont dégagés du danger de se noyer dans l'océan de souffrances du samsara et qu'ils possèdent la capacité de se mouvoir librement dans le monde de la transmigration, tout comme un poisson se meut dans l'eau librement et sans crainte.

Le nœud sans fin

Le nœud sans fin représente l'interdépendance de toutes choses, notamment de la pratique du dharma et du soutien que lui apporte la société. Il symbolise aussi l'union des moyens et de la connaissance, l'inséparabilité de la vacuité et de la production interdépendante. Du point de vue de l'éveil, il symbolise encore l'union de la sagesse et de la compassion.

Le lotus

La fleur de lotus symbolise la purification du corps, de la parole et de l'esprit ainsi que le plein épanouissement de l'activité bénéfique dans l'état de libération.

Le vase aux trésors

Le vase aux trésors représente une pluie sans fin de longue vie, de richesses, de prospérité, de tout ce qui est bon pour les hommes dans le domaine temporel et dans le domaine spirituel. Son embouchure est ici surmontée d'un joyau flamboyant.

Certains d'entre eux, chargés d'une mystérieuse consécration, ont été codifiés, notamment ces "huit symboles de bon augure", encore appelés "huit symboles auspicieux".

L'ORIGINE des huit symboles de bon augure est assez obscure. On les retrouve dans des textes très anciens de l'Inde, sans qu'on puisse connaître les raisons qui ont présidé à leur choix.

Assez tôt semble s'être établi un parallèle avec le Bouddha. Ce parallèle, toutefois, justifie plus qu'il n'explique la nature auspicieuse des huit symboles:

- la parole du Bouddha est comparable à la conque,
- sa tête au parasol,
- son corps à la bannière de victoire,
- ses yeux aux poissons d'or,
- son cou au vase aux trésors,
- sa langue au lotus,
- son esprit au nœud sans fin;
- la plante de ses pieds est marquée par une roue.

Les huit symboles de bon augure font l'objet d'un USAGE très large. Non seulement on les trouve sur les murs extérieurs des temples où nous les observons présentement, mais on les rencontre aussi à l'intérieur ainsi que, dans de nombreux cas, comme motifs décoratifs. Lorsque l'on reçoit un grand lama, il est de coutume de les dessiner à l'aide de poudre blanche sur le chemin qu'il empruntera. De nombreuses occasions sont ainsi données de créer d'heureuses connexions et de placer chaque situation sous les meilleurs auspices.

Lors de l'intronisation de la réincarnation d'un grand lama, un tulkou, il est d'usage de lui offrir des représentations des huit symboles peintes sur de petites cartes.

Le temple étant le lieu des heureuses connexions par excellence, on ne s'étonnera pas d'y retrouver les symboles de bon augure abondamment utilisés.

Les fresques des murs

On se rappelle que, au Moyen-Age, le porche des églises et des cathédrales était peint, rendant beaucoup plus vivant et plus didactique le monde des figures qui y apparaissaient. Pour une population qui, dans sa majorité, ne savait pas lire, l'imagerie tenait une place considérable. Il en était de même au Tibet, où, hormis les moines, les lamas et les membres des classes aisées, les habitants étaient analphabètes. L'image faisait partie des outils pédagogiques, utilisée à profusion. On trouvait des représentations des divinités peintes à même le rocher, d'autres, bien sûr, à l'intérieur des temples, et d'autres encore, à l'extérieur, prêtes, comme celles des églises à accueillir le visiteur.

De chaque côté du grand porche central, en particulier, les murs offrent une variété de fresques dont la principale fonction est d'établir la démarcation entre l'extérieur et l'intérieur, le profane et le sacré, le samsara (le monde de souffrance et d'illusion dans lequel nous vivons) et le nirvana (la réalité éveillée). On y verra notamment la représentation de la Roue des Existences ainsi que celle des Quatre Grands Rois.

La Roue des Existences

La Roue des Existences est une représentation de la manière dont les bouddhistes conçoivent la situation des êtres dans le *samsara*, autrement dit le monde frappé par l'ignorance, le manque de liberté véritable et la souffrance. Deux points très importants sont à comprendre pour saisir cette vision des choses:

La Roue des Existences

Représentation traditionnelle des différents mondes dans lesquels
les êtres peuvent renaître en raison de leur karma.

• le premier est qu'il existe un grand nombre de possibilités d'existence: non seulement la condition humaine ou animale que nous voyons, mais encore, d'autres mondes, imbriqués ou parallèles, qu'il n'est pas possible à nos sens de percevoir; certains de ces mondes sont plus heureux que le nôtre, d'autres plus douloureux;
• le second point est que chaque individu, loin de ne posséder qu'une seule vie, existe depuis des temps sans commencement et peut passer d'un monde à l'autre, non du fait du hasard, mais en raison de son karma, c'est-à-dire des actes positifs ou négatifs qu'il aura accomplis, les premiers le menant vers des existences heureuses, les seconds vers des existences douloureuses.

Ceci étant posé, regardons maintenant notre Roue des Existences. Elle est composée de trois cercles concentriques que nous allons examiner du centre vers la périphérie.

Le cercle central, le moyeu de la roue, représente les TROIS POISONS, les trois moteurs mentaux qui font tourner la roue et emprisonnent l'individu dans le samsara. Ce sont:
- l'ignorance, représentée par un porc,
- le désir et l'attachement, représentés par un coq,
- la colère et la haine, représentés par un serpent.

Le cercle médian contient, quant à lui, six sections renfermant la représentation des SIX CLASSES D'ÊTRES, dans lesquelles les individus peuvent reprendre naissance tour à tour:
- le monde des *dieux*: les dieux jouissent de plaisirs des sens bien supérieurs aux nôtres et d'une vie beaucoup plus longue; ils restent néanmoins mortels et peuvent très bien retomber dans des mondes de souffrance;
- le monde des *demi-dieux*: également supérieurs aux

Les dieux

Le monde des dieux, ou "dévas", constitue la condition d'existence la plus élevée dans le samsara. Les êtres qui y reprennent naissance jouissent en effet d'une vie très longue remplie de plaisirs. Toutefois, cette condition a ses limites, puisque, une fois leur karma positif épuisé, les dieux meurent et retombent dans des états d'existence inférieurs.

hommes par leurs plaisirs, leur durée de vie et leur force, les demi-dieux sont cependant des êtres de nature très belliqueuse, s'engageant continuellement dans des guerres et des conflits douloureux;
- le monde des *humains*, caractérisé par un mélange de joies et de peines que nous connaissons bien;
- le monde des *animaux*, qui souffrent de la faim, du froid, de la peur, de l'exploitation, etc.;

- le monde des *esprits avides*, sans cesse tourmentés par la faim et la soif et ne trouvant que très rarement et très peu de nourriture;
- le monde des *enfers*, où les êtres qui s'y trouvent plongés en raison de leur karma négatif subissent pendant d'immenses périodes d'intolérables souffrances.

Les enfers

Les enfers, diamétralement opposés au monde des dieux, représentent le monde le plus douloureux du samsara. Les êtres y tombent en raison de leur karma négatif et ils y subissent d'insupportables tourments, par le feu, le froid ou le supplice. Les enfers peuvent être regardés comme un monde réel ou comme une sorte de gigantesque cauchemar que l'esprit, sous l'emprise de ses tendances négatives, crée lui-même après la mort et dont il est dupe.

La roue, parfois, ne contient que cinq sections, les dieux et les demi-dieux étant alors comptés pour une seule classe.

Le cercle extérieur, découpé en douze cases, représente l'enchaînement des facteurs — les DOUZE CAUSES INTERDÉPENDANTES — qui caractérisent la continuité de l'existence dans le samsara. Il serait trop long de les expliquer ici en détail. Citons simplement leur nom et l'allégorie qui les dépeint:
- l'ignorance (un aveugle),
- les impulsions karmiques (un potier),
- les consciences (un singe),
- le nom et la forme (deux hommes dans une barque),
- les domaines d'expansion des sens (une maison prospère),
- le contact (un homme et une femme enlacés),
- la sensation (une flèche pénétrant l'œil),
- le vouloir (un homme ivre),
- la saisie (une personne cueillant des fruits),

- le devenir (une femme enceinte),
- la naissance (un accouchement),
- le vieillissement et la mort (un cadavre porté à la crémation).

Sur certaines représentations, la Roue des Existences comprend un cercle supplémentaire qui vient s'intercaler entre les trois poisons du centre et les six classes d'êtres. On y voit des êtres entraînés dans une chute douloureuse tandis que d'autres s'élèvent dans la paix. Cette imagerie représente le BARDO (l'état intermédiaire), à savoir la période qui sépare la mort d'une nouvelle naissance.

Selon la tradition tibétaine, le bardo dure au maximum 49 jours, mais il peut être beaucoup plus bref. Il se termine lorsque la conscience du défunt s'unit au sperme et à l'ovule à l'instant même où ceux-ci se joignent. Pour cette raison, le bouddhisme considère que l'embryon est déjà pleinement un être vivant et que le supprimer n'est pas différent du fait de le tuer après la naissance.

Lors du **bardo**, les êtres chargés par leur karma négatif (à droite) sont enchaînés et irrémédiablement entraînés vers de funestes destinées. Au contraire, les êtres vertueux et bons (à gauche), sont guidés dans la paix et la douceur vers les mondes supérieurs.

Assez curieusement, le bouddhisme s'est montré "freudien" bien avant la lettre. Il est dit en effet que, lors d'une conception humaine, l'esprit du bardo éprouvera de l'attirance pour sa mère et de l'agressivité pour son père s'il est destiné à renaître en tant qu'homme et, inversement, de l'attirance pour son père et de l'agressivité pour sa mère s'il est destiné à renaître en tant que femme.

Le bardo lui-même est décrit comme une période assez semblable à un rêve, quoique plus vive dans ses représentations. Son contenu dépend des actes passés du défunt: une vie remplie d'actes négatifs produira des apparences terrifiantes et très douloureuses, semblables aux pires des cauchemars; une vie consacrée au bien entraînera au contraire des manifestations agréables et paisibles. Son issue dépend des mêmes conditions: le karma

Le Bouddha, au-dessus
de la Roue des
Existences, pointe du
doigt une lune, symbole
de pureté, désignant ainsi
la possibilité de sortir du
samsara. On peut noter,
sur la lune, un lapin, que
les Tibétains ont l'habi-
tude de distinguer parmi
les ombres de
l'astre des nuits.

(les actes) positif des êtres les mène à renaître dans les mondes supérieurs (dieux, demi-dieux et humains); leur karma négatif les conduit vers les mondes inférieurs (animaux, esprits avides et enfers).

La Roue des Existences est tenue dans les crocs et les griffes d'un monstre terrifiant. Il s'agit de *Yama*, le dieu de la mort, qui fait régner son impitoyable loi sur tous les êtres du samsara.

Dans le ciel au-dessus de la roue, apparaît généralement un bouddha qui, le bras tendu, pointe d'un doigt une Roue du Dharma, symbole du chemin libérateur, ou une lune, symbole de pureté. Par là, il indique que le samsara n'est pas une prison définitive. La pratique du dharma permet d'y échapper, d'obtenir la libération, par laquelle on sort pour toujours de la souffrance et du cycle insatisfaisant des existences.

On voit bien ainsi la raison pour laquelle la Roue des Existences se situe à l'extérieur du temple: le samsara règne sur le monde temporel, qui se doit de rester dehors; l'intérieur du sanctuaire est, quant à lui, dédié au sacré que le Bouddha désigne du doigt.

Yama, le dieu de la mort

Terrifiant, Yama, fait régner sa loi sur tous les êtres du samsara,
mortels par définition. Toute personne qui décède passe devant
son tribunal et, selon que l'emportent ses actes positifs ou négatifs,
est envoyée dans un monde heureux ou douloureux. Yama possède trois yeux, ce qui montre qu'il détient la sagesse des
bouddhas, le regard qui traverse l'ignorance
et auquel rien ne saurait échapper.

Les Quatre Gardiens (Lokapalas)

Que le temple soit un lieu préservé que ne doivent pas souiller
les impuretés du monde est encore davantage marqué par la présence des Quatre Gardiens, inévitablement peints à l'extérieur du
sanctuaire, protecteurs fiers et farouches de la porte, prêts à
empêcher d'entrer les esprits mauvais et les êtres nuisibles.
Presque effrayants dans leur allure martiale, ils gardent sévère-
ment l'entrée du lieu sacré.

Leur nom ("Lokapala", en sanscrit), signifiant exactement
"Gardiens des (quatre) Directions", souligne leur fonction: servir
de sentinelle contre toute intrusion dangereuse, qu'elle vienne du
nord, de l'est, du sud ou de l'ouest.

Les Quatre Gardiens ont pour LIEU DE RÉSIDENCE le sommet
plat du Mont Mérou (cf. p. 88), axe de l'univers dans la cosmologie traditionnelle de l'Inde, dans quatre palais situés aux quatre
points cardinaux, d'où ils surveillent le monde, protégeant le

Dhritarashtra

"Protecteur de l'Horizon"; blanc. Gardien du quartier est, il tient une vina (luth) et règne sur le monde des gandharvas (esprits musiciens). Des plumes de paon ornent son heaume. On lui attribue 91 fils qui, comme lui, travaillent à la protection de l'enseignement du Bouddha.

dharma et ses fidèles. Ils règnent en souverains sur la portion de l'espace qui leur est allouée, si bien que les Tibétains, souvent, les nomment simplement les "Quatre Grands Rois".

Leurs palais sont somptueux et magnifiques, les villes qui les entourent s'étendent sur d'immenses surfaces. La cité de Sudarsana, par exemple, où vit le roi du sud, occupe une superficie de pas moins de 6000 lieues carrées.

Chacun des souverains règne par ailleurs sur une catégorie d'esprits particuliers.

L'apparence physique, l'expression du visage ainsi que les vêtements des Quatre Rois sont souvent très voisins, si ce n'est semblables à l'intérieur d'un groupe de représentations. On les identifie cependant facilement grâce à leurs couleurs, qui diffèrent, et, plus encore, grâce à l'attribut qui les distingue.

Virudhaka

"Homme à la Dépouille"; bleu. Gardien du quartier sud, il sort son épée de son fourreau et règne sur le monde des khumbhandas (sortes de géants).
A la place du heaume que portent les autres rois, il est couvert d'une dépouille d'éléphant dont on voit la tête.

Voyons donc LEURS CARACTÉRISTIQUES:

DHRITARASHTRA, blanc, occupe la région est, tient une vina (luth) et règne sur les gandharvas.

VIRUDHAKA, bleu, occupe la région sud, tient une épée et règne sur les khumbhandas.

VIRUPAKSHA, rouge, occupe la région ouest, tient un stoupa et règne sur les nagas.

VAISHRAVANA, jaune, occupe la région nord, tient une bannière et une mangouste et règne sur les yakshas.

Les Lokapalas sont issus de la tradition indienne. Il est intéressant de noter que LES ESPRITS SUR LESQUELS ILS RÈGNENT correspondent, au moins partiellement, à certaines catégories de la mythologie grecque. Ce qui n'est en fait guère étonnant puisque Grecs et Indiens, on le sait, procèdent d'une origine indo-européenne commune. Nous employons ici le mot "esprits" faute de mieux, pour désigner des catégories d'êtres qui vivent sur

Virupaksha

"Mauvais Œil"; rouge. Gardien du quartier ouest, il règne sur le monde des nagas (esprits à mi-chemin entre les sirènes et les serpents). Il tient dans la main un stoupa qui contient des textes sacrés. Il fixe des yeux cet objet car, son regard étant venimeux, il évite ainsi de nuire à qui que ce soit.

d'autres plans que le nôtre et sont, sur certains points, dotés de facultés supérieures aux nôtres:
- les *gandharvas* sont des esprits musiciens se nourrissant d'odeurs suaves; ils rappellent ainsi les muses de la Grèce antique, qui, amoureuses de la musique et des arts, se sustentaient elles aussi d'odeurs;
- les *khumbhandas* sont des géants qui font penser à certains titans;
- les *nagas*, qui habitent les eaux et dont le haut du corps est celui d'un homme tandis que le bas est celui d'un poisson, évoquent inévitablement les sirènes;
- seuls les *yakshas*, esprits mangeurs de chair, ne semblent pas avoir de correspondance, bien qu'on les ait comparés aux esprits sylvestres qu'étaient les hamadryades.

On sait que nombre de textes relatant la vie du Bouddha, notamment dans la tradition du mahayana, font volontiers

Vaishravana

"Le Fils qui Entend tout", jaune. Gardien du quartier nord. Il est représenté assis sur un trône royal, à l'instar de ses pairs. On notera le soleil au-dessus de son épaule gauche et la lune au-dessus de son épaule droite.

Dans la mythologie hindoue, d'où il est issu, Vaishravana est présenté comme étant le fils d'un érudit et d'une femme appartenant au groupe d'esprits mangeurs de chair appelés yakshas.

Il épousa lui-même une princesse des nagas, esprits des eaux et des courants telluriques renommés pour leurs richesses; puis, les yakshas firent de lui leur roi. Il assuma des fonctions guerrières, défendant notamment les dieux (deva) contre les demi-dieux (asura). Au cours d'une bataille, il prit la forme d'un serpent dont l'haleine venimeuse défit les asuras. Il est dit que, depuis, il garde la bouche close pour éviter d'empoisonner ceux qui l'approchent. Il demeure sur la partie nord du sommet du Mont Mérou, dans un palais d'une incroyable richesse, dont chaque côté est bordé de 2500 colonnes de cristal, de rubis, de lapis-lazuli et d'or. Selon la tradition hindoue, Vaishravana pratiqua des austérités pendant mille ans; c'est pour le récompenser que Brahma l'éleva au rang des dieux, lui conférant l'immortalité et faisant de lui le gardien des richesses de la Terre, avec pour mission de les distribuer à ceux qui sont destinés à les recevoir.

intervenir des éléments merveilleux qui paraissent à nos esprits cartésiens relever bien plus du conte que de l'histoire. Aux yeux des Tibétains, pour lesquels le monde est loin de se limiter à ce que perçoivent nos sens ordinaires, il n'existe guère de frontière entre le "naturel" et le "surnaturel". Aussi ne sera-t-on pas surpris que certains récits mentionnent la PRÉSENCE DES LOKAPALAS LORS DE DIFFÉRENTS ÉPISODES DE LA VIE DU BOUDDHA.

Avant même que le Bouddha s'incarne, alors qu'il demeure encore dans le ciel de Tushita, on les voit ainsi déjà lui rendre visite.

Ils escortent ensuite Maya, la mère du Bouddha Gautama, lorsqu'elle se rend au parc de Lumbini, là où elle doit accoucher. Ils assistent à la naissance et reçoivent l'enfant sur une peau de tigre.

Lorsque le prince Gautama décide de renoncer au monde pour embrasser la vie de moine errant, les Lokapalas sont encore là pour l'aider à quitter le palais de son père dont toutes les lourdes portes sont fermées et soigneusement gardées. Ce sont eux, en effet, qui soutiennent dans le ciel les sabots de son cheval Kanthaka afin qu'il vole au-dessus des murailles.

A la fin d'une longue période de jeûne et de méditation faisant suite à son illumination, c'est encore de chacun des quatre Lokapalas que Shakyamouni reçut un bol de nourriture. On raconte que pour n'offenser aucun des donateurs, le Bouddha accepta les quatre récipients; il les empila l'un sur l'autre sur sa main gauche et les fit miraculeusement se transformer en un seul.

Enfin, on mentionne la présence des Quatre Rois lors du décès du Bouddha.

Il est dit que c'est à la demande même de Shakyamouni qu'ils acceptèrent de veiller chacun sur un quartier de l'espace.

Symboles variés

Il existe une extrême variété de motifs pouvant orner les murs extérieurs d'un temple, que le cadre de ce bref ouvrage ne permet malheureusement pas d'aborder.

Nous nous contenterons, parmi les sujets fréquemment représentés, de mentionner encore un symbole apparemment énigmatique et souvent mal interprété, connu sous le nom de "Les Etres Saints Fidèles à leurs Engagements", ainsi que le monogramme de Kalachakra.

LES ETRES SAINTS FIDÈLES À LEURS ENGAGEMENTS rappellent, sous une forme symbolique, les trois grands êtres considérés comme les principaux artisans de l'introduction du bouddhisme au Tibet, au 8e siècle de notre ère: le roi Trisong Détsèn, le maître tantrique Padmasambhava et l'érudit Shantarakshita.

Les Etres Saints Fidèles à leurs Engagements

Cette figure allégorique symbolise les personnages qui furent les principaux artisans de l'introduction du bouddhisme au Tibet.

Trisong Détsèn, le roi tibétain de l'époque, est représenté par l'épée (marquée d'un DHI, syllabe-germe de la divinité Manjushri).

Le maître tantrique Padmasambhava est symbolisé par le lotus.

Le grand abbé Shantarakshita est désigné par le lac.

Quant aux oiseaux à deux têtes, ils témoignent de l'effort des traducteurs.

Le texte reposant sur le lotus, comme un présent magnifiquement offert, rappelle que le trésor importé au Tibet fut l'enseignement du Bouddha.

Trisong Détsèn (742-797) reste dans l'histoire du Tibet comme le plus grand de ses rois. Bien que le bouddhisme ait commencé de s'implanter au Pays des Neiges un siècle plus tôt sous le règne de Songtsèn Gampo, influencé par ses deux épouses bouddhistes, la princesse népalaise Brikuti et la princesse chinoise Wencheng, c'est à Trisong Détsèn que la doctrine du Bouddha doit en effet de s'être très largement répandue.

Monté sur le trône à l'âge de treize ans, Trisong Détsèn fut rapidement confronté à des querelles de palais; certains de ses ministres soutenant l'ancienne religion bœun, tandis que d'autres souhaitaient l'expansion du bouddhisme. Le principal protagoniste bœunpo fut finalement éliminé (on dit qu'il fut muré vivant dans une chambre funéraire), laissant la place libre aux partisans de la nouvelle religion.

Afin de puiser aux sources vives de l'enseignement, Trisong Détsèn décida, approuvant la suggestion d'un de ses ministres qui avait effectué un voyage au Népal, ainsi qu'en Inde, à Bodhgaya et à la proche université bouddhiste de Nalanda, d'inviter l'abbé de celle-ci, grand érudit de l'époque: Shantarakshita. Par la suite, celui-ci, en raison de certaines difficultés rencontrées dans sa tâche, demanda de faire venir pour l'aider le maître tantrique Padmasambhava qui allait devenir l'une des principales figures du bouddhisme tibétain. Ainsi se trouvèrent réunis nos trois personnages.

On doit à Trisong Détsèn d'avoir fait du bouddhisme la religion nationale du Tibet, d'avoir entrepris la construction, entre

Le roi
Trisong Détsèn

L'érudit
Shantarakshita

Le maître tantrique
Padmasambhava

autres, du grand monastère de Samyé et d'avoir lancé un vaste programme de traduction des textes bouddhistes du sanscrit en tibétain. Grâce à son œuvre, l'enseignement du Bouddha avait trouvé au Tibet un royaume qui devenait le sien.

Trisong Détsèn est représenté sur le dessin des "Etres Saints Fidèles à leurs Engagements" par l'épée, attribut de la divinité Manjoushri dont il est regardé comme étant une émanation.

Shantarakshita fut, comme nous venons de le voir, un des grands érudits bouddhistes de l'Inde ancienne. Abbé de Nalanda, il accepta, afin de répandre la très précieuse doctrine du Bouddha, de quitter la chaleur coutumière de son pays pour affronter le climat très dur du Tibet. Il mit toute sa science et toute son ardeur pour enseigner la philosophie, la logique et l'éthique propres à sa tradition; de plus, afin de donner une assise solide à une future communauté monastique, fondement de la pérennité du bouddhisme, il entreprit la construction du monastère de Samyé.

Il fut toutefois empêché dans sa tâche par des forces démoniaques — dont le peuple craignait fort la colère, ce qui le conduisit à se dresser contre l'érudit indien. Shantarakshita, voyant qu'il n'en viendrait pas à bout, préféra regagner Nalanda. Pressé de revenir par Trisong Détsèn, il n'accepta qu'à la condition que soit d'abord invité au Tibet Padmasambhava, le seul, d'après lui, capable de subjuguer les hordes de démons qui l'avaient repoussé.

Lorsque, grâce à l'intervention de ce dernier, le monastère de Samyé fut enfin terminé, Shantarakshita y donna l'ordination aux sept premiers moines du Tibet.

Dans l'allégorie que nous commentons, Shantarakshita est symbolisé par le lac.

Padmasambhava (Gourou Rimpotché) est un personnage que ses hauts faits magiques et spirituels rendent quasi mythique aux yeux des Occidentaux, tout en restant véridique aux yeux des Tibétains, habitués à l'idée que cohabitent avec les humains toutes sortes d'êtres invisibles — ou rarement visibles — parfois nuisibles, parfois bénéfiques, parfois puissants, parfois misérables, êtres dont l'influence ne peut être contrecarrée que par des personnages aux très grands pouvoirs, comme le fut Padmasambhava.

Considéré comme une émanation directe du Bouddha Amitabha, il naquit dans la région d'Oddiyana (proche de l'actuel Cachemire) de manière miraculeuse, au milieu d'un lac, dans le cœur d'un lotus. Dès sa naissance, il avait l'aspect d'un enfant de huit ans. Il fut adopté par un roi et élevé comme un prince. Rapidement, cependant, il adopta un comportement au-delà de toutes les conventions humaines — hautement significatif du point de vue de la pensée tantrique — et se mit à manifester d'immenses pouvoirs.

Ceux-ci lui valurent, nous l'avons vu, d'être invité au Pays des Neiges. Son voyage au Tibet fut l'occasion de faits prodigieux; les récits le relatant rapportent comment, dans des circonstances épiques, il soumit de nombreux démons, les contraignant sous la menace d'utiliser désormais leur puissance pour protéger le dharma.

Le roi Trisong Détsèn attendait son hôte sur la terre de Samyé, là où les démons avaient empêché Shantarakshita de construire le monastère, détruisant la nuit ce que les ouvriers construisaient le jour. Lorsqu'arriva le maître tantrique, le roi s'attendit à ce qu'il s'incline devant lui, comme l'aurait voulu la coutume. Padmasambhava lui déclara cependant que le spirituel l'emportait sur le temporel, qu'il était lui-même venu au Tibet pour chasser les ténèbres par la lumière et pour faire le bien du peuple; il convenait donc que ce soit le roi qui lui rende hommage. Il pointa un doigt en direction du monarque: son geste déclencha un bruit de tonnerre et fit jaillir le feu du vêtement du roi. Trisong Détsèn et sa suite, effrayés, s'inclinèrent alors devant Padmasambhava.

Grâce aux pouvoirs de Padmasambhava, les travaux de Samyé purent être achevés sans difficulté, donnant au Tibet, qui allait en compter tant, son premier monastère. Le maître tantrique passa ensuite de nombreuses années au Pays des Neiges, une cinquantaine, dit-on, poursuivant son œuvre de conversion des forces maléfiques et d'implantation du bouddhisme.

Dans l'allégorie, Padmasambhava est représenté par le lotus ce qui, d'une part, se réfère à sa naissance miraculeuse et rappelle, d'autre part, qu'il est une émanation du Bouddha Amitabha régnant sur la famille du lotus.

Il est évident que, vu l'importance de Padmasambhava (parfois appelé le "Second Bouddha"), sa représentation dans les temples ne se limite pas au symbole que nous venons d'expliquer. Très fréquentes sont les statues ou les peintures qui, à l'intérieur du temple, réaffirment sa présence, notamment dans l'ordre Nyingmapa, dont il est considéré comme le père fondateur, et dans l'ordre Kagyupa.

Quant aux *deux oiseaux* perchés sur le lotus, ils symbolisent les grands traducteurs de l'époque dont l'immense travail fut indispensable: les enseignements du Bouddha étaient jusque-là consignés dans la langue sanscrite de l'Inde et, pour les rendre accessibles aux Tibétains, il fallut de nombreuses années d'efforts et de dévouement. Les oiseaux possèdent un double bec pour indiquer leur capacité à s'exprimer en deux langues.

Il est dit que le motif représentant sous forme allégorique les personnages dont nous venons de brosser le portrait fut exécuté pour la première fois sur les murs du monastère de Samyé par le grand érudit Sakya Pandita (12ᵉ siècle). Il lui associa une inscription commençant par les mots: "Les êtres saints fidèles à leurs engagements", expression qui, depuis, sert à désigner le symbole.

LE MONOGRAMME DE KALACHAKRA est un autre symbole qui apparaît fréquemment, modelé en relief, sur les murs extérieurs des temples.

Ce monogramme est composé de l'entrelacement de lettres sanscrites formant le mantra de la divinité Kalachakra, mantra appelé les "Dix marques dotées de puissance", qui sont, transcrites phonétiquement:

OM HANG KSHA MA LA WA RA YA SOHA

Les syllabes ici ne tirent pas leur puissance de leur sens, mais de leur caractère sacré.

Le tantra de Kalachakra (c'est-à-dire le texte, révélé par le Bouddha sous une forme mystique, lié à cette divinité) est d'une grande richesse et d'une grande complexité. Ses ramifications s'étendent à des domaines aussi variés que l'astrologie, l'avenir de l'humanité, la géographie du mystérieux royaume de Shambhala, la physiologie des énergies subtiles dans le corps humain et, bien sûr, les différentes méditations en rapport avec la divinité Kalachakra. Au Tibet même, seuls quelques rares érudits particulièrement doués étudiaient ce tantra.

Monogramme de Kalachakra

L'entrelacement des syllabes sanscrites est surmonté des symboles de la lune, du soleil et du *nada* (le "son de la vacuité").

Les effets du mantra de Kalachakra sont regardés comme particulièrement bénéfiques pour quiconque le voit; c'est pourquoi il est souvent représenté, à l'inverse de nombreux autres mantras qui doivent être gardés secrets.

Ainsi se clôt notre visite de l'extérieur du temple. Il est temps, maintenant, d'y entrer.

L'INTÉRIEUR

*U*ne fois le porche franchi, ce qui, sans doute, saisit le visiteur entrant dans un lhakhang est un sentiment de profusion et de richesse. La multiplicité des couleurs, le foisonnement des ornements, les statues, les peintures, les fresques, la variété des objets disposés sur l'autel, tout concourt à donner cette impression, même s'il est vrai qu'au Tibet la pénombre due à la pauvreté de l'éclairage, ainsi que le voile grisâtre laissé sur les murs et les objets par la fumée des lampes à beurre, tendent à en diminuer la force.

Les Occidentaux, qui vivent dans l'abondance des biens matériels, aiment souvent, semble-t-il, découvrir dans un lieu sacré une oasis de simplicité et de dépouillement. Encore n'est-ce qu'un sentiment moderne, puisque les églises, romanes et gothiques, étaient autrefois couvertes de fresques colorées et ornées de statues peintes. Les Tibétains qui, habitant des terres arides et désolées, se contentaient d'une existence très fruste, aimaient, quant à eux, parer d'abondance la représentation du monde divin. Là où notre esprit compliqué demande le dénuement pour ressentir la proximité du divin, l'esprit plus dépouillé du Tibétain éprouve mieux la présence du sacré dans l'exubérance de la splendeur. Il en résulte ce déploiement de richesses qui ne saurait manquer de frapper l'œil du nouveau venu, voire de le dérouter.

Nous essayerons de nous y retrouver dans ce foisonnement en dirigeant notre regard en premier lieu sur ce qui est fait pour l'attirer le plus: la grande statue du Bouddha surplombant l'autel; nous le déplacerons ensuite vers les murs et le plafond, puis nous nous approcherons des fresques et des peintures; après quoi, nous examinerons le trône qui occupe une place de choix et, finalement, nous avancerons jusqu'à l'autel afin de voir les différents objets qui y sont disposés.

La statue du Bouddha

Dans un temple bouddhiste, la place d'honneur ne peut être réservée qu'au Bouddha lui-même. Aussi, lorsque le visiteur entre et pose les yeux sur l'autel voit-il, au centre, une statue du Bouddha, le plus souvent dorée et de taille imposante. C'est devant elle que le fidèle bouddhiste accomplit toujours trois prosternations dès qu'il pénètre dans un lhakhang: joignant les mains successivement au front, à la gorge et au cœur, il témoigne ainsi du respect de son corps, de sa parole et de son esprit; il pose ensuite au sol le front, les deux mains et les deux genoux en imaginant que les "cinq poisons" (désir, colère, ignorance, orgueil et jalousie) sortent de lui pour aller se perdre dans les profondeurs de la terre; lorsqu'il se relève, il pense qu'il reçoit toute la bénédiction et toute la compassion du Bouddha sous la forme des "cinq sagesses".

Certains détails de la représentation du Bouddha demandent une explication.

Voyons, en premier lieu, LA POSITION DES MAINS (ce qu'on appelle un *moudra*) du Bouddha. Le plus souvent, celui-ci est représenté accomplissant de la main gauche le "moudra de la méditation", tout en tenant un bol d'aumône. Par ce moudra, le Bouddha désigne la paix infinie dans laquelle demeure son esprit. Le bol rappelle, quant à lui, le détachement: le Bouddha ainsi que ses moines mendiaient leur nourriture, acceptaient sans discrimination tout aliment qui leur était donné et ne consommaient plus rien après une heure de l'après-midi.

De la main droite, le Bouddha accomplit le "moudra de la prise de la Terre à témoin", allusion à un épisode de sa vie. Lorsque, assis sous l'Arbre de la Bodhi, il s'apprêtait à atteindre l'Eveil, une des dernières ruses de Mara, le démon, fut en effet de lui dire que nul n'était témoin des mérites lui permettant d'obtenir l'état sublime. Le Bouddha toucha alors le sol de sa main droite et Vasundhara, déesse de la Terre, apparut pour attester les qualifications du Bouddha.

LES AUTRES DÉTAILS REMARQUABLES de la représentation du Bouddha tiennent aux qualités qu'on attribue à son corps, réparties en 32 marques majeures et 80 signes mineurs. Il serait trop long d'en donner la liste ici, que l'iconographie ne peut d'ailleurs reproduire que partiellement, mais nous pouvons mentionner les plus apparents:

Le Bouddha Shakyamouni

Le Bouddha est assis sur un lotus dont le centre est recouvert d'un disque du soleil et d'un disque de la lune. Le lotus, qui pousse dans la vase sans en être souillé, symbolise souvent le fait d'agir dans le monde sans être touché par ses imperfections. Ici, il représente le renoncement: tout en vivant dans le monde, ne pas chercher à en tirer profit et n'être aucunement souillé par l'attachement, le désir, l'aversion, la recherche de la gloire ou du gain, etc.

Le soleil symbolise la sagesse (sct. prajna), pôle féminin, et la lune les moyens habiles (sct. upaya) de la compassion, pôle masculin.

La robe de Shakyamouni est faite de multiples pièces cousues ensemble. Ceci est un rappel de la pauvreté monastique: l'habit était composé de guenilles teintes avec la teinture la moins chère qu'on puisse trouver.

L'auréole autour du Bouddha représente le rayonnement naturel de son corps autant que de son esprit.

Le Bouddha est flanqué de ses deux principaux disciples: Sariputra à sa droite et Maudgalyayana à sa gauche. Ils tiennent à la main le bâton traditionnel des moines dont les anneaux, au sommet, servaient par leur tintement à signaler leur présence lorsqu'ils mendiaient de la nourriture.

- la protubérance crânienne,
- la touffe de cheveux entre les sourcils,
- les lobes des oreilles allongés,
- les roues du dharma sur la paume des mains et la plante des pieds,
- les doigts longs,
- la peau couleur d'or,
- les cheveux bouclés tournant vers la droite, brillants,
- les épaules larges,
- 40 dents,
- les yeux de la couleur du saphir.

HISTORIQUEMENT, le Bouddha Shakyamouni vécut dans le nord de l'Inde, au sixième siècle avant notre ère. Fils d'un roi, élevé dans le luxe et l'aisance, il abandonna à trente ans les plaisirs du palais pour se consacrer à la vie de religieux errant. A la suite de six années d'ascèse extrême, il conclut que ces excès ne pouvaient le mener à la vérité. Il reprit alors des forces et, au crépuscule, vint s'asseoir, au lieu dit Bodhgaya, au pied de l'Arbre de la Bodhi. Il y médita toute la nuit et, après avoir vaincu les forces du mal, obtint à l'aube l'Illumination. Il consacra le reste de sa vie à enseigner en parcourant les routes du nord de l'Inde, fonda une vaste communauté monastique et s'éteignit à l'âge de quatre-vingts ans. Le Bouddha enseigna toujours oralement et ne laissa aucun écrit. Toutefois, ses proches disciples, conscients de la richesse de sa parole, la recueillirent précieusement et la consignèrent dans de nombreux volumes.

Le Bouddha ascète

Emacié, décharné, au bout des forces humaines, tel se retrouva le Bouddha au terme des six années d'ascèse extrême — et excessives selon son propre jugement — qui précédèrent son illumination.
Cet épisode de la vie de Shakyamouni est fréquemment représenté sur les murs des temples.

Le parinirvana du Bouddha

On voit ici le Bouddha sur son lit de mort, entrant dans le "nirvana suprême"
(parinivana). Paisible et rayonnant, il est allongé dans la posture dite "du lion":
sur le flanc droit, le bras gauche le long du corps, la main droite sous la joue.
Des arcs-en-ciel s'échappent de son corps. Des disciples humains et non-
humains lui rendent un dernier et poignant hommage.

Si le Bouddha Shakyamouni fut, dans son corps de chair, une
personnalité remarquable de l'Inde ancienne, son être, c'est-à-
dire son Esprit Eveillé, ne saurait se limiter ni à un lieu ni à une
époque. Il est éternel et omniprésent, de sorte que le culte qui lui
est rendu, loin d'être la simple évocation d'un souvenir, établit
un dialogue avec celui qui, sorti de l'ignorance, est beaucoup
plus vivant que le commun des mortels.

L'ENSEIGNEMENT DU BOUDDHA demanderait, pour être exposé
dans toute son ampleur et toute sa profondeur, de fort nombreux
volumes, que les érudits indiens et tibétains n'ont d'ailleurs pas
manqué de rédiger. Il est toutefois possible d'en dégager les
grandes lignes en se référant aux *Quatre Nobles Vérités* qui en
forment l'axe essentiel.

Dans la *Noble Vérité de la Souffrance*, le Bouddha souligne
que l'existence telle que nous l'expérimentons ne saurait vérita-
blement échapper à la souffrance. Non seulement nous la ren-
controns sous de multiples formes physiques et mentales, mais,
quand bien même nous éprouvons des moments heureux, nous

ne pouvons compter les voir durer éternellement; nous sommes sans cesse sous la menace de leur disparition. De plus, nous ressentons constamment un sentiment de limitation, de manque, d'absence de plénitude qui, en lui-même, semble nous indiquer que nous sommes comme exilés de notre véritable bonheur.

Cette souffrance n'est cependant pas due au hasard ni à une volonté imposée par un être tout puissant; elle tient d'une part à

Le Bouddha représenté sous sa forme d'enseignant,
ce qu'indiquent ses mains accomplissant le moudra
de "la mise en mouvement de la roue du dharma"
autrement dit de l'enseignement.

notre ignorance de la véritable nature du monde et de notre personne, d'autre part à notre "karma" négatif. Selon le bouddhisme, nous n'avons pas qu'une seule existence, mais nous nous inscrivons dans une continuité d'existences multiples. Les actes — actions physiques, paroles et pensées — que nous accomplissons au cours de ces existences conditionnent les existences à venir. Ainsi notre vie présente est-elle le résultat de nos vies passées et sommes-nous les responsables de notre destin. Dans cette perspective, les actes négatifs (par lesquels, notamment, nous

↑ L'entrée du Djokhang à Lhassa, premier temple du Tibet et principal lieu de pèlerinage pour les Tibétains.

Sur le toit du Djokhang, d'où se révèle une vue magnifique sur le Potala, sont fichées les traditionnelles bannières de victoire, symboles de la suprématie du spirituel sur le temporel. ↓

↑ Le monastère de Samyé fut construit au 8ᵉ siècle de notre ère, grâce au grand maître tantrique Padmasambhava qui sut mettre à son service les divinités locales s'opposant tout d'abord à la construction.

Le temple est entouré de quatre stoupas de différentes couleurs — vert, blanc, rouge et noir — rehaussant sa splendeur et sa gloire. ↓

➤ Gandèn, construit au 15ᵉ siècle, était un des trois monastères-villes entourant la capitale tibétaine. Comptant plus de 3 000 moines avant l'invasion chinoise, il fut entièrement détruit par les troupes révolutionnaires. On voit ici l'état des reconstructions actuelles.

Le monastère de Séra, autre monastère-ville des alentours de Lhassa, où vivaient 000 moines. Les bâtiments principaux ont été laissés intacts par les destructeurs chinois. ↓

↑ Le monastère de Tsourpou, siège des Karmapas, niché à 4 600 mètres d'altitu-de dans une étroite vallée au nord-ouest de Lhassa. Il était regardé comme un de plus beaux du Tibet. Rasé pendant la Révolution Culturelle, il est en cours d reconstruction. Une prophétie veut que, malgré plusieurs destructions, le monastè-re reste présent "jusqu'à la fin du monde".

Le monastère de Sakya connut son apogée au 13e siècle, lorsque l'ordre Sakyap établit son hégémonie sur le Tibet. Il regorgeait de trésors d'art sacré. ↓

A la fois stoupa et temple, le Gyantsé Koumboum, édifié au début du 15e siècle, est une des constructions les plus harmonieuses du Tibet. Haut de plus de trente mètres, il recèle dans sa structure pyramidale en forme de mandala de très nombreuses chapelles, riches en peintures et en statues.

On aperçoit, sur la partie carrée tenant lieu de socle aux anneaux dorés de la flèche, les yeux caractéristiques de nombreux stoupas. Ce sont les yeux du Bouddha qui veillent sur le monde.

Plus de 6 000 temples et monastères parsemaient le sol tibétain. Les uns, comptant jusqu'à 10 000 moines étaient de véritables villes, exerçant souvent un pouvoir important. D'autres étaient d'humbles lieux de pratique regroupant quelques dizaines de moines.

Les monastères du Tibet semblent toujours s'intégrer parfaitement au paysage qui les entoure, comme s'ils en étaient surgis spontanément, que ce soit sur les hauts plateaux désertiques du nord-ouest (comme le petit monastère de Bokar, ci-dessus), ou sur les flancs verdoyants de la province orientale du Kham (comme le monastère de Palpoung, ci-contre).

↑ **Kagyu-Dzong, en bordure du lac du bois de Vincennes, à Paris, fut le premier temple "tibétain" construit en France. On y retrouve avec bonheur le style et les éléments décoratifs du Pays des Neiges, reconstitués avec des matériaux d'aujourd'hui. Le bâtiment, construit sur un terrain appartenant à la Mairie de Paris, fut achevé et inauguré en 1983.**

L'intérieur de Kagyu-Dzong est riche en couleurs, comme il se doit. On aperçoit, à droite, l'autel dans les vitrines duquel sont placées différentes statues. ↓

↑ Le temple des Mille Bouddhas, en Bourgogne, attire de nombreux touristes, curieux de découvrir ce flamboyant représentant de l'architecture himalayenne dans un pays de vertes collines plus habitué à la sobriété des églises romanes qu'à ce somptueux déploiement de couleurs. Les habitants du cru se sont, quant à eux, familiarisés avec le pignon d'or, la roue, les biches, les frises multicolores, les fresques et les statues grandioses d'un édifice qu'ils regardent avec sympathie.

← Tout autour du temple, claquant joyeusement au vent, sont hissés de nombreux drapeaux de prières, dont nous reproduisons ici un détail. Le texte, en écriture tibétaine, est bordé de chaque côté de symboles de bon augure.

↑ Le pignon d'or du temple de Montpellier. Le bâtiment est entièrement construit en bois.

← Détail d'une bannière de victoire montrant la disposition élégante des différentes pièces de brocart.

L'autel du temple, sur lequel on aperçoit des *tormas* finement décorées. A droite, le Bouddha sous sa forme terrestre de Shakyamouni, faisant le geste de prendre la Terre à témoin; à gauche, le Bouddha sous sa forme mystique de Vajradhara, bras croisés, tenant dans ses mains un vajra et une cloche. ↓

↑ Le temple de Karma Migyur Ling, dans l'Isère, dresse de manière altière ses cinq niveaux sur les flancs du Vercors, là où, naguère, les bâtiments de la vieille ferme de Montchardon commençaient à tomber en ruines.

L'intérieur du temple présente une très grande richesse décorative, harmonieuse et chaleureuse, reflétant la multiplicité des qualités rayonnantes de l'Eveil. Au centre de l'autel, trône une grande statue de Bouddha, entourée de 999 statuettes le figurant également. Sur la partie basse du même autel, ont été peintes des déesses d'offrandes. Du plafond pendent des bannières de victoire multicolores, tandis que des thangkas sont suspendues en haut des murs.   ↓

En Auvergne, le temple du Bost (ici en cours de construction), fait partie d'un vaste ensemble comprenant un monastère pour les moines et un monastère pour les moniales.

On voit ici, dans ce détail du temple de Karma Migyur Ling, l'extrême flamboiement décoratif qu'affectionne le style tibétain: couleurs vives et contrastées, multiplication des détails, répétition des motifs, etc. On distingue notamment: sur le pilier, des joyaux; sur le chapiteau, la tête d'un animal mythique; sur les frises, des mantras en sanscrit et des pétales de lotus.

↑ La roue du dharma entourée de deux biches orne le toit de tous les temples. La roue transmet l'idée de propagation et d'expansion de l'enseignement du Bouddha, ses huit rayons symbolisant l'Octuple Noble Sentier. Les deux biches représentent les disciples attentifs.

Les moines, jeunes et moins jeunes, portant différentes coiffes, s'adonnant à des activités variées, confèrent tout leur sens aux édifices sacrés. ↓

Les stoupas, dont le symbolisme complexe représente les étapes de la progression vers l'Eveil ainsi que les qualités propres à l'état de Boudha, font quasiment partie du paysage tibétain, isolés ou en alignement (ci-dessus), pointant leur flèche vers le ciel.

Les considérant comme des "diffuseurs de bénédiction" très efficaces, les lamas installés en Occident se sont rapidement efforcés d'en assurer la construction dans leurs centres du dharma, comme en témoigne le très beau stoupa de Dag Shang Kagyu, en Espagne (ci-contre et ci-dessous).

↑ Dans un temple, la place d'honneur revient naturellement au Bouddha. Les statues célèbres de Shakyamouni ne manquaient pas au Tibet, la plus renommée de toutes étant sans conteste celle du Jowo de Lhassa. Faite d'or allié aux quatre métaux élémentaires (argent, cuivre, zinc et fer), l'œuvre remonterait au vivant même du Bouddha. Ornée de diamants, de rubis, de lapis-lazuli, d'émeraudes et de saphirs, parée d'une couronne que lui offrit Tsong Khapa, le fondateur de l'ordre Guéloukpa, au 14e siècle, elle est l'objet d'une immense vénération de la part des Tibétains.

Plus dépouillée, mais toujours rehaussée d'or, la statue du Bouddha de Karma Migyour Ling, dans le Vercors, permet de distinguer nettement plusieurs traits caractéristiques du corps d'un Bouddha: excroissance crânienne, cheveux bouclant vers la droite, lobes des oreilles allongés, mèche de cheveux au milieu du front (symbolisée par un joyau). →

↑ Avalokiteshvara (tib. Tchènrézi) , divinité de la compassion.

Manjoushri (tib. Djampelyang), divinité de la connaissance. ↓

↑ Tara (tib. Dreulma), mère bienveillante, venant au secours de ceux qui la prient.

← Le protecteur Mahakala sous sa forme à six bras.

Déconcertantes par leur aspect farouche et grimaçant, par leurs ornements macabres et leur halo de flammes, les divinités protectrices ne doivent aucunement être prises comme des expressions de l'agressivité et de la violence, ni comme des forces démoniaques dont on chercherait à s'assurer les services.

Ayant pour fonction d'écarter les circonstances adverses et de réunir les circonstances favorables, elles témoignent au contraire de la puissance et de la vivacité de la compassion des Bouddhas, dont elles sont des émanations.

↑ Avalokiteshvara (tib. Tchènrézi) , divinité de la compassion.

Manjoushri (tib. Djampelyang), divinité de la connaissance. ↓

↑ Tara (tib. Dreulma), mère bienveillante, venant au secours de ceux qui la prient.

← Le protecteur Mahakala, sous sa forme à six bras.

Déconcertantes par leur aspect farouche et grimaçant, par leurs ornements macabres et leur halo de flammes, les divinités protectrices ne doivent aucunement être prises comme des expressions de l'agressivité et de la violence, ni comme des forces démoniaques dont on chercherait à s'assurer les services.

Ayant pour fonction d'écarter les circonstances adverses et de réunir les circonstances favorables, elles témoignent au contraire de la puissance et de la vivacité de la compassion des Bouddhas, dont elles sont des émanations.

provoquons à dessein la souffrance des autres), commis sous l'emprise du désir, de la haine ou de l'ignorance, entraînent notre propre souffrance et les actes positifs déterminent notre propre bien-être. Telle est la *Noble Vérité de l'Origine de la Souffrance.*

Cependant — et c'est là que réside l'optimisme fondamental de l'enseignement bouddhiste — étant donné que la souffrance est due à des causes identifiables, la suppression de celles-ci entraîne nécessairement la fin de la souffrance, laissant la place au bonheur authentique et définitif. C'est ce qu'on appelle la libération, l'Eveil ou le nirvana, exprimé dans la *Noble Vérité de la Cessation de la Souffrance.*

La *Noble Vérité du Chemin* enseigne, quant à elle, le chemin conduisant à cette cessation. Le chemin comprend de nombreux aspects. Pour simplifier, disons qu'il inclut une éthique, une relation avec la Vérité par le biais de la prière adressée au Bouddha et aux maîtres, l'exercice de la compassion envers tous les êtres (y compris les animaux) et un effort de découverte de la véritable nature du monde et de l'individu par la réflexion et par la méditation.

Etre bouddhiste, c'est s'efforcer, à la suite du Bouddha, de suivre ce chemin afin de se défaire de la souffrance ainsi que de ses causes et d'aider les autres à s'en défaire aussi; c'est s'efforcer, pour son propre bien et celui de tous les êtres, d'atteindre l'Eveil.

A droite et à gauche du Bouddha se trouvent souvent deux statues représentant des moines debout: ce sont Sariputra et Maudgalyayana, LES DEUX PLUS PROCHES DISCIPLES du maître.

Nés le même jour dans deux villages voisins, Upatissa et Kolita, proches de la ville de Rajagriha, Sariputra et Maudgalyayana, fils de familles influentes, furent, dès leur enfance, d'inséparables amis, partageant leurs loisirs et leurs aspirations.

S'étant rapidement détournés de tout intérêt pour ce monde, ils quittèrent leurs luxueuses demeures pour aller étudier la voie spirituelle auprès de l'ascète Sanjaya, de grande renommée dans la région. Chacun fut suivi dans cette entreprise par cinq cents jeunes gens de leurs amis. Ils maîtrisèrent très bientôt toute la doctrine de Sanjaya, sans pourtant en être satisfaits.

En quête d'une vérité plus profonde, ils quittèrent leur ville et parcoururent les routes de l'Inde, pendant de nombreuses années, sans succès. De retour à Rajagriha, ils continuèrent séparément leur recherche après s'être promis de se prévenir mutuellement aussitôt que l'un des deux aurait trouvé l'enseignement parfait.

Ils devaient avoir une quarantaine d'années, lorsque Sariputra fit la rencontre d'Ashvajit, l'un des proches disciples du Bouddha. Frappé par la noblesse, la sérénité et le rayonnement du moine, il lui demanda quel était son maître et quel était l'enseignement de celui-ci. Ashvajit lui parla du Bouddha et lui résuma la doctrine dans un quatrain resté célèbre :

Sariputra,

le maître de la sagesse, se tient à la droite du Bouddha

"De ce qui est produit par une cause,
Le Bouddha en a dit la cause
Ainsi que la cessation,
Telle est la doctrine du Grand Renonçant."

Comprenant qu'il avait trouvé ce qu'il cherchait, il en informa aussitôt Maudgalyayana et tous deux se rendirent auprès du Bouddha qui demeurait alors au Parc des Bambous, non loin de la ville. Ils reçurent aussitôt l'ordination et il ne fallut guère de temps pour qu'ils soient déclarés par le Bouddha comme étant ses deux principaux disciples, responsables, juste après lui, de la communauté monastique.

Sariputra était particulièrement réputé pour son extrême intelligence et sa grande sagesse, pour la finesse de sa logique et la clarté de son enseignement. On lui doit notamment d'avoir mis en forme des enseignements complexes du Bouddha connus sous le nom d'Abhidharma. Il mena sa vie de moine pendant 44 ans et mourut à l'âge de 84 ans dans son village natal, peu de temps avant le Bouddha, après avoir fait de sa mère, jusque-là rebelle à la doctrine nouvelle, sa dernière disciple.

Maudgalyayana,

le maître des pouvoirs psychiques, se tient à la gauche du Bouddha

Maudgalyayana, esprit presque aussi brillant que son ami Sariputra, l'emportait sur lui dans le domaine des pouvoirs psychiques (capacité de lire dans les esprits, de voyager dans les mondes divins, d'influer sur la matière, de voir les êtres invisibles…) qu'il utilisait pour aider les autres ainsi que pour le bien de la communauté et du dharma.

Maudgalyayana mourut quinze jours après Sariputra, assassiné par des brigands qu'avait commandités un groupe d'ascètes jaloux du succès de la communauté bouddhiste.

Toutes les statues présentes dans un temple, pour ne pas être de simples figures d'argile ou de métal, doivent être CHARGÉES ET CONSACRÉES.

Charger une statue signifie qu'on la remplit de *mantras* (formules sacrées en langue sanscrite) imprimés sur des feuilles de papier teintes de safran puis rassemblées en rouleaux. Les très grandes statues peuvent contenir des centaines de ces rouleaux, auxquels on ajoute différentes sortes de reliques.

Quant à la consécration, elle consiste en une cérémonie plus ou moins élaborée, accomplie un jour de bon augure selon le calendrier tibétain. Son principe est de faire descendre l'esprit de la véritable divinité (appelée *divinité de sagesse*) dans sa représentation matérielle faite de main d'homme (appelée *divinité de promesse*). On demande alors à la première de rester unie à la seconde jusqu'à la fin de notre monde. La consécration des statues équivaut habituellement à la consécration générale du temple. Souvent, lors de la cérémonie, on procède à "l'ouverture des yeux" des statues, c'est-à-dire qu'on peint les yeux, jusque-là restés inachevés.

On considère qu'une statue qui n'a pas été chargée ni consacrée serait pour ainsi dire sans vie; elle ne serait pas apte à représenter effectivement le Bouddha ou une quelconque figure divine; elle ne conviendrait donc pas aux offrandes qui pourraient lui être présentées (voir plus loin la section consacrée à *l'autel*).

Les murs et le plafond

Portons maintenant notre regard sur les murs et sur le plafond, en procédant de bas en haut.

Jusqu'à hauteur de hanche, LES MURS sont habituellement peints en bordeaux; outre qu'il s'agit d'une couleur traditionnelle du dharma, elle se révèle également peu salissante puisque c'est là que vont s'adosser les fidèles, assis par terre en tailleur, les jours de grands rassemblements.

Puis, on remarque trois bandes horizontales, verte, rouge et bleue, dans un ordre variable. Enfin, la partie supérieure du mur, si elle n'est pas laissée blanche ou entièrement couverte de fresques, est généralement peinte en jaune. Ces différentes couleurs sont là pour rappeler les matières précieuses dont sont composées les parois des mandalas célestes, demeures des divinités.

Bordant le haut du mur, on remarque une courtine étroite; originellement composée de tissu plissé elle est, de nos jours, fréquemment peinte.

LE PLAFOND, quant à lui, est bleu, ce qui symbolise le ciel, bien qu'il puisse aussi être jaune. On y voit pendre de nombreux ornements de brocarts, qui se divisent en deux sortes:
- Les *bannières de victoire*, cylindriques, sont composées de plusieurs rangées (au moins trois, davantage si le plafond est haut), de petites bandes de brocarts se terminant en losange, alternant les couleurs de manière vive et très harmonieuse. Elles sont un exemple de plus du sens de la décoration festive qu'ont les Tibétains. Ces bannières de victoire sont une variante de celles que nous avons déjà vues, le plus souvent en métal doré, dressées sur le toit du temple.
- les *pèn* sont plats, formés d'une succession de bandes de tissus taillés en pointe dont les couleurs alternent savamment. Les mêmes décorations sont souvent apposées aux piliers, prenant alors le nom de *kapèn*.

Les pèn et les kapèn sont encore des variations sur le thème des bannières de victoire cylindriques. Tous participent du même symbolisme: la victoire sur toutes les circonstances adverses, sur tout ce qui irait à l'encontre de l'harmonie, de la paix et du bien-être; et, dans un sens plus profond, la victoire du dharma sur l'ignorance et sur les perturbations internes.

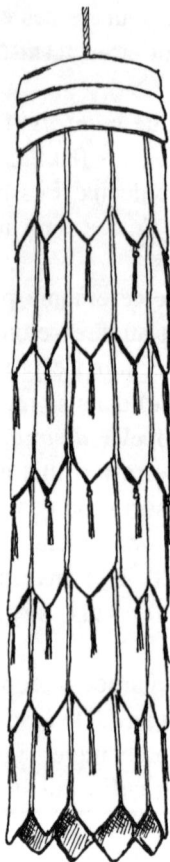

Les **bannières de victoire** multicolores donnent un air de fête au sanctuaire.

Le **pèn** est une variation sur le thème de la bannière de victoire.

Les fresques et les peintures

Il n'existe guère de recoin d'un temple tibétain qui ne soit pas peint, que ce soit de motifs purement décoratifs, comme les poutres et les piliers, que ce soit de vastes fresques courant le long des murs.

Les motifs de ces fresques peuvent être extrêmement variés: scènes de la vie du Bouddha, représentations de groupes de disciples particuliers, comme les Seize Arhats ou les Quatre-vingt-quatre Mahasiddhas, de maîtres du passé particulièrement importants pour l'ordre auquel se rattache le monastère, de divinités diverses, etc.

Plus encore que dans la fresque, c'est toutefois dans les *thangkas* que s'exprime le mieux l'art pictural tibétain tel qu'on peut le voir dans les temples. Le mot "thangka" signifie "rouleau", dans la mesure où les peintures sur tissu qu'il désigne sont faites de manière à pouvoir être enroulées, ce qui permet de les transporter facilement d'un endroit à un autre ou de les ranger sur une étagère.

Bordées de brocarts somptueux, plaçant le visiteur sous le regard mystérieux, parfois doux, parfois féroce, des divinités, les thangkas contribuent grandement à insuffler la vie au temple, à lui donner son âme.

Etant donné la diversité des sujets représentés, il serait vain de vouloir décrire tous ceux que le visiteur est amené à voir dans les différents temples. Nous nous limiterons donc à quelques exemples, décrivant des divinités pour lesquelles les Tibétains éprouvent une dévotion particulière:
- Avalokiteshvara (Tchènrézi), le "saint patron" du Tibet;
- Tara (Dreulma), la mère bienveillante;
- Manjoushri (Djampelyang), la divinité de la connaissance;
- Mahakala, la divinité protectrice à l'aspect effrayant.

AVALOKITESHVARA est certainement, avec Tara, la divinité la plus populaire du Tibet, celle que le peuple du Toit du Monde regarde comme son "ange gardien". Selon la tradition, ce serait Avalokiteshvara qui aurait choisi les Tibétains et non le contraire. A l'époque reculée où les Tibétains étaient réputés pour leur indomptable sauvagerie, seul Avalokiteshvara forma en effet le projet d'aller secourir "le barbare Pays des Neiges, là où les êtres sont si difficiles à discipliner qu'aucun Bouddha n'y avait posé le pied". La divinité déclara alors: "Puisse ce pays sombre et barbare devenir lumineux comme une île remplie de joyaux!"

Avalokiteshvara à quatre bras

Chaque élément de la représentation de la divinité possède un sens symbolique:

- la couleur blanche de son corps: il est totalement pur, libre de tout voile;

- un seul visage: l'essence de tous les phénomènes est une unique saveur;

- les 4 bras: les 4 sentiments illimités (amour, compassion, joie, équanimité);

- deux jambes croisées dans la posture du vajra: il ne demeure pas dans les extrêmes du nirvana pour soi-même et du samsara; il unit la compassion et la vacuité;

- le joyau tenu dans les mains jointes: il accomplit le bien de tous les êtres;

- le rosaire dans la main droite: il tire tous les êtres vers la libération;

- le lotus dans la main gauche: il possède la compassion pour tous les êtres; de plus, de même qu'un lotus pousse de la vase sans que sa fleur ne soit souillée, de même, Avalokiteshvara œuvre dans le monde sans être entaché par les imperfections de celui-ci;

- la peau de biche sur son épaule: la bonté légendaire de la biche symbolise la pensée tournée vers le bien des êtres;

- les différents bijoux: la richesse des qualités de son esprit éveillé;

- les soieries de cinq couleurs: les cinq sagesses.

La présence d'Avalokiteshvara au Tibet ne se limite pas à un bienveillant regard céleste. La divinité s'incarne pour jouer son rôle directement au cœur de la mêlée des humains. Le Dalaï-Lama, notamment, chef temporel et spirituel du pays, ainsi que d'autres très grands lamas, comme les Karmapas, sont regardés comme des émanations d'Avalokiteshvara. Le Potala, palais des Dalaï-Lamas, doit lui-même son nom au mystérieux Mont Potala qui serait, dans le sud de l'Inde, la résidence de la divinité.

Du point de vue philosophique, Avalokiteshvara personnifie la compassion et l'amour infinis de tous les bouddhas, ce que rappelle son nom qui, en tibétain (Tchènrézi), signifie "Regard Compatissant". Du point de vue mythologique, il se serait incarné pour la première fois sous la forme d'un jeune garçon, dans des conditions miraculeuses que décrit le *Manikhaboum*:

Le Bouddha Amitabha pensa un jour que, pour aider les êtres, il fallait que se manifeste une divinité sous l'apparence d'un jeune homme. Son œil droit émit alors un rayon de lumière blanche qui devint Avalokiteshvara, apparaissant comme un jeune garçon rayonnant assis sur un lotus. Un certain roi du nom de Bonté Sublime vivait alors en Sukhavati, le domaine de manifestation pure d'Amitabha. Bien qu'il eut mille épouses, aucune ne lui avait donné de descendance. Aussi recueillit-il l'enfant miraculeux comme s'il s'agissait de son propre fils et le nomma-t-il "Cœur de Lotus". Désireux d'en savoir plus sur les origines du garçon, le roi alla s'informer auprès d'Amitabha. "Cet enfant, expliqua celui-ci, est une émanation de l'activité de tous les bouddhas; il est celui qui accomplit le bien de tous les êtres, celui qui réjouit le cœur de tous les bouddhas. Son nom est Avalokiteshvara. Le secours qu'apportera aux êtres ce fils bien né sera aussi vaste que l'espace."

Parmi les nombreuses formes que revêt Avalokiteshvara, la plus courante le montre assis en lotus, le corps blanc comme la neige, possédant quatre bras. Une autre forme, à mille bras, est aussi fréquemment représentée.

La récitation du mantra d'Avalokiteshvara, OM MANI PADMÉ HOUNG, est une des pratiques les plus populaires des laïcs tibétains. Les personnes âgées, notamment, déchargées du travail, le fredonnent souvent à mi-voix pendant des heures, égrenant leur rosaire ou faisant tourner leur moulin à prières.

TARA (Dreulma), divinité féminine dont le nom signifie "Libératrice", représente, d'un point de vue ultime, la connaissance de l'absolu; c'est cependant sous un autre angle que les Tibétains la regardent le plus souvent: pour eux, elle est la mère bienveillante et protectrice, vers laquelle ils tournent leurs prières dans toutes les difficultés de la vie quotidienne.

Un lama contemporain, Bokar Rimpotché, qui a consacré un livre à cette divinité, décrit très bien la relation que le fidèle entretient avec Tara:

> "Ce que le monde ne peut nous donner, la réalité qui transcende ce monde, incarnée par les bouddhas et les bodhisattvas, peut nous l'accorder. En particulier, l'activité de tous les bouddhas dirigée vers l'élimination de la crainte et du danger se trouve réunie en la personne divine de Tara.
>
> Tara possède ainsi le pouvoir de nous secourir.
>
> Ce pouvoir ne sera cependant effectif que si nous nous fions à lui. Pour que Tara puisse nous aider, il faut que nous la priions, que nous l'appelions du fond du cœur, sans réserve et sans aucun doute sur son intervention. De la puissance de notre confiance dépendra la réponse de la divinité. Si le doute habite notre esprit, il est peu probable que la bénédiction et la protection de Tara descendent sur nous, alors qu'une confiance sans réserve, une conviction complète, les rendra certaines." (Bokar Rimpotché, *Tara*, Vernègues, 1997)

Selon la tradition, Tara était, à l'origine, une jeune fille qui, finalement, devint une déesse. Tout commence dans la nuit des temps, à l'époque du Bouddha "Son du Tambour". Vivait alors une princesse du nom de "Lune de Sagesse" qui, pendant dix millions d'années, fit chaque jour d'immenses offrandes à Son du Tambour et à ses disciples. Elle fit aussi, en sa présence, la promesse d'atteindre l'Eveil pour secourir tous les êtres et de se consacrer sans cesse à leur bien.

Les moines lui dirent alors que, pour atteindre son but, elle devrait prier afin de renaître homme et non point femme. Lune de Sagesse, qui ne voyait rien à redire à sa féminité, n'apprécia guère leur commentaire et, après leur avoir fait remarquer que, en ce qui concerne l'Eveil, il n'existe ni homme ni femme, elle leur déclara: "Beaucoup désirent l'Eveil dans un corps masculin, mais personne n'œuvre pour le bien des êtres dans un corps féminin. C'est pourquoi, jusqu'à ce que le samsara soit vide, je travaillerai pour le bien des êtres dans un corps féminin."

Tara Verte

De la main droite, elle accomplit le moudra du don,
de la main gauche le moudra du refuge.

Puis, pendant dix millions d'années, elle pratiqua jusqu'à ce qu'elle atteigne la complète réalisation et devienne capable de libérer dix millions d'êtres chaque matin et autant chaque soir. C'est alors que le Bouddha Son du Tambour déclara qu'elle serait désormais connue sous le nom de "Tara", la "Libératrice".

Il existe de nombreux aspects de Tara, dont les principaux sont Tara Verte, qui protège de tous les dangers, et Tara Blanche, qui assure une longue vie.

MANJOUSHRI (Djampelyang, Douce et Glorieuse Mélodie) personnifie la connaissance, aussi bien celle de la vérité absolue que celle du monde relatif dans lequel nous évoluons. Il est donc particulièrement vénéré par ceux qui s'adonnent à l'étude.

Manjoushri est caractérisé par deux attributs: l'épée et le texte sacré. Ils peuvent être tenus dans les mains ou bien encore être posés sur deux lotus qui s'épanouissent au-dessus de ses épaules.

L'épée, à double tranchant, est l'arme de la connaissance, qui coupe les voiles de l'ignorance. L'ignorance dont il est principalement question ici est celle de la véritable nature des choses, aveuglement qui nous empêche à la fois de distinguer ce qui est réel de ce qui ne l'est pas et de comprendre les relations d'interdépendance qui régissent toute la manifestation. L'ignorance est encore comparée aux ténèbres, c'est pourquoi la pointe de l'épée de Manjoushri est entourée d'une flamme, dont la lumière dissipe l'obscurité. Le complet effacement du voile de l'ignorance correspond à l'état de bouddha, doté de "l'omniscience".

Le texte qui caractérise Manjoushri contient les enseignements de la *Prajnaparamita*, dans lesquels le Bouddha démontre l'absence de réalité en soi de l'individu et des phénomènes.

Très populaire au Tibet et au Népal, Manjoushri se serait toutefois manifesté en premier lieu en Chine.

Selon certains récits, Manjoushri serait né d'un rayon de lumière émis par le front du Bouddha Shakyamouni. Le rayon, dit le récit, fendit un arbre *jambu* poussant sur le Mont aux Cinq Pics. De la fente apparut un lotus sur le cœur duquel était assis Manjoushri, resplendissant, de couleur jaune, paré de bijoux et de soieries, brandissant une épée de la main droite, tenant un texte sacré dans la main gauche.

Le Mont aux Cinq Pics fait actuellement partie de la Chine, où il porte le nom de Wu t'ai shan. Lieu de pèlerinage naguère très fréquenté, il compte une soixantaine de temples consacrés à Manjoushri. Selon la légende, les cinq pics étaient à l'origine composés de cinq matières précieuses: le diamant, le saphir, l'émeraude, le rubis et le lapis-lazuli. Un Manjoushri d'une couleur particulière (blanc, jaune, vert, rouge, bleu) est attribué à chacun d'entre eux et sur leurs flancs poussent cinq espèces de fleurs odoriférantes correspondant aux cinq formes de la divinité. Séchées, ces fleurs, dont on dit qu'elles ne poussent nulle par ailleurs, étaient vendues à grand prix aux pèlerins.

Le Mont aux Cinq Pics est regardé comme la résidence terrestre de Manjoushri, tout comme le Mont Potala est celle d'Avalokiteshvara.

Manjoushri

Dans ses formes les plus courantes, Manjoushri, surnommé le Juvénile, est de couleur jaune orangé.

Ses attributs soulignent sa fonction de divinité de la connaissance: l'épée flamboyante qu'il brandit de la main droite tranche l'ignorance en même temps qu'elle dissipe l'obscurité. Le lotus dont il tient la tige de la main gauche porte un texte de la *Prajnaparamita*, ouvrage contenant les enseignements du Bouddha sur la nature ultime des choses.

Mahakala, le "Grand Noir", est un exemple caractéristique des divinités dites "irritées" ou "terribles". Leur apparence farouche, quasi démoniaque, déconcerte souvent les Occidentaux. Celle-ci se comprend pourtant aisément si l'on se rappelle leur fonction; les divinités irritées sont en effet des "protecteurs du dharma", chargés d'écarter les obstacles à la pratique spirituelle et de réunir les circonstances propices. Emanations des bouddhas, elles ne sont pas là pour effrayer celui qui suit le chemin, mais bien pour l'aider sur ce chemin, à la manière d'une escorte ou d'un garde du corps.

On dénombre traditionnellement trois types d'obstacles auxquels s'opposent les divinités irritées:
- les obstacles extérieurs: les difficultés matérielles (famine, calamités naturelles, etc.), politiques (guerres, menaces institutionnelles) ou autres;
- les obstacles intérieurs: la maladie;
- les obstacles secrets: les pensées du pratiquant qui iraient à l'encontre de sa progression (le désir d'abandonner une retraite, de délaisser la pratique, etc.).

Au travers de leur aspect terrifiant, les divinités irritées ne font, en réalité, que manifester l'infinie compassion des bouddhas. C'est ce que souligne la légende de l'origine de Mahakala à Six Bras (l'un des 75 aspects de cette divinité!) qui se rattache à celle d'Avalokiteshvara, dont nous avons vu qu'il personnifie l'amour et la compassion infinis.

Avalokiteshvara fit en effet la promesse, en présence du Bouddha Amitabha, de travailler sans relâche à la libération des êtres. Cependant, il en vint à se décourager en constatant qu'après des éons d'activité, il restait presque autant d'êtres prisonniers de la souffrance. Ce découragement brisa sa promesse et son corps éclata en morceaux. Amitabha se présenta alors pour le secourir et recomposa son corps, lui donnant mille bras et onze têtes.

Avalokiteshvara resta cependant prostré pendant sept jours, ne sachant plus par quel moyen remplir sa mission. Il comprit alors que, s'il possédait une forme irritée, prompte et puissante, il pourrait certainement accomplir sa tâche avec beaucoup plus d'efficacité. Sur cette pensée, son cœur émit la syllabe HOUNG, bleu noir, qui se transforma en Mahakala à Six Bras.

Il est dit que la terre trembla alors six fois et qu'Amitabha ainsi que d'innombrables bouddhas proclamèrent que cette forme nouvelle d'Avalokiteshvara serait un invincible protecteur du dharma dans tous les univers qui aurait le pouvoir d'exaucer tous les souhaits tournés vers le bien.

Mahakala à Six Bras

Les divinités irritées constituent un panthéon fort varié à l'intérieur du bouddhisme tibétain, manifestant la puissance et la vivacité de la compassion active des Bouddhas. Mahakala à Six Bras en est une des figures les plus courantes.

Dansant au milieu d'un halo de flammes, vêtu d'une dépouille d'éléphant et d'une peau de tigre, paré d'ornements funéraires (symboles de la mort de l'égocentrisme), brandissant diverses armes, roulant d'énormes yeux et découvrant ses canines, la divinité veille farouchement sur la sécurité de ceux qui avancent sur le chemin spirituel, prête à écarter les obstacles qui se dresseraient devant eux.

Le trône

La pièce de mobilier la plus visible et la plus frappante d'un temple, hormis l'autel lui-même, est certainement le trône (tib. *shoutri*). Tourné face au public, recouvert de nombreux brocarts, agrémenté d'un dossier imposant, il a pour fonction d'accueillir un personnage très important, que ce soit le Dalaï-Lama, le Karmapa, ou un autre grand maître de l'ordre auquel se rattache le monastère. Il n'est pas rare, si le maître est absent, ou s'il est décédé, d'y trouver sa photographie en habit de cérémonie et en posture de méditation.

Le plus souvent, un lhakhang possède plusieurs trônes, les autres, de taille inférieure et de moins somptueuse apparence, servant pour des dignitaires moins élevés, la hauteur du trône étant un signe distinctif de la position hiérarchique de celui qui l'occupe.

LA SIGNIFICATION du trône est quasi évidente: il met en valeur la primauté du spirituel en surélevant matériellement le siège de ses plus éminents représentants, considérés non pas tellement en tant qu'individus, il est vrai, mais plutôt en raison de la très haute valeur de l'enseignement qu'ils transmettent. L'Occidental, qui n'a plus guère de goût pour la pompe et se méfie de l'orgueil qu'elle trahit parfois, pourrait craindre une certaine théâtralité face à un siège si monumental. Toutefois, lorsqu'un grand maître y prend place, c'est toujours avec la plus grande simplicité, dans un curieux mélange de parfaite humilité et de rayonnante majesté, n'accordant aucune importance à sa personne tout en assumant spontanément la fonction de guide qui lui est échue.

Revenons au trône principal pour l'examiner de plus près. Regardons notamment LE TISSU qui en recouvre la face avant. Nous y découvrirons deux symboles importants, le double-vajra et la svastika:
- le *double-vajra*, composé de deux vajras — ce qui, au sens premier, signifie "diamant" — entrecroisés, symbolise la pureté et l'indestructibilité, qualités propres à la reine des pierres précieuses; il occupe tout le centre du tissu;
- la *svastika*, ou croix gammée, porte la même signification de durée, d'éternité; elle orne les quatre coins du brocart; étant donné l'utilisation perverse qui en a été faite durant la Seconde Guerre Mondiale, elle est parfois omise dans la décoration des trônes dressés dans les pays occidentaux, afin de ne choquer personne.

Le double vajra

Symbole d'indestructibilité, il se réfère à la nature de l'esprit, immuable et libre, au-delà des fluctuations douloureuses du psychisme.

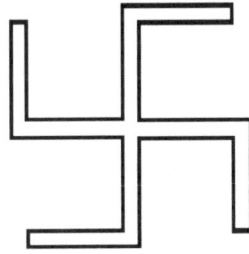

La svastika

Symbole d'éternité largement utilisé dans le bouddhisme.

Les deux symboles concourent donc à la même signification, par laquelle ils transmettent un double message: d'une part, ils soulignent l'aspect éternel, indestructible, de l'esprit du maître réalisé; d'autre part, ils sont une manière de souhaiter sa longue vie, de vouloir inscrire dans la durée, pour le bien de tous les disciples, son enveloppe terrestre.

LE DOSSIER des trônes les plus élaborés est bordé d'une série de figures étranges ciselées dans le bois. Elles représentent en fait six qualités essentielles que le pratiquant sur le chemin s'efforce de réaliser. Ce sont les six *paramitas* ou six perfections transcendantes. La correspondance établie avec les figures symboliques du trône (chacune apparaissant symétriquement deux fois) est la suivante:

- le garuda (oiseau mythique):   la générosité (dhana),
- le naga (génie des eaux):   l'éthique (sila),
- le makara (monstre aquatique): la patience (kshanti),
- le gnome: l'effort (virya),
- le lion: la connaissance (prajna),
- l'éléphant: la concentration (dhyana).

Cette guirlande ornementale entoure non seulement les trônes mais elle auréole aussi fréquemment les représentations du Bouddha.

Le trône est habituellement surmonté d'un dais, soulignant encore la majesté de l'enseignement et de celui qui le transmet.

Pièce de mobilier majestueuse, **le trône**, qui marque la fonction
éminente de l'enseignement, occupe souvent une
place importante dans le temple.
On notera sur la pièce de tissu placée devant, le double-vajra, au
centre, et les svastikas, aux quatre coins,
symboles de stabilité, d'indestructibilité.

Ornement de dossier de trône

Le dossier des trônes peut donner lieu à un travail ornemental très élaboré, recouvert de peintures dorées ou d'une grande variété de couleurs vives.
L'un des motifs décoratifs les plus prisés met en scène une double galerie de figures étranges symbolisant les six paramitas.

Sur le trône, comme sur l'autel ou en différents endroits du temple, on verra des KATAS déposées par les pieux visiteurs. Ces katas sont de longues écharpes de tissu blanc que l'on offre déployées en signe de respect. Leur usage ne se limite pas au sanctuaire; lorsqu'on rencontre un lama ou même lorsqu'on fait un présent, il est d'usage d'offrir une kata: sa blancheur est signe de pureté d'intention, sa longueur exprime le souhait de longue vie adressé à celui qui la reçoit.

L'autel

L'autel d'un temple constitue probablement la partie la plus surprenante pour le visiteur occasionnel tant il est riche en objets dont la destination, voire la nature, semble de prime abord mystérieuse. Que peuvent bien représenter ces bols remplis d'eau ou de riz, ces récipients divers, ces figures de terre arborant des bras étranges et prenant des formes qu'on serait peut-être moins étonné de trouver sur un socle d'art contemporain?

Nous essaierons de nous y retrouver dans cette collection d'apparence insolite. Mais sachons d'abord que l'autel, au sens bouddhiste, diffère assez sensiblement ce que nous avons l'habitude d'entendre par le même mot dans les civilisations occidentales. L'autel est pour nous associé à la notion de sacrifice: celui, par exemple,de l'eucharistie reproduisant, par le pain et le vin transformés en chair et en sang, la mort du Christ pour le salut des hommes.

L'autel bouddhiste ne puise pas, quant à lui, sa signification dans la notion de sacrifice, mais dans celle d'offrande. Le terme tibétain *tcheu-sham* l'exprime très directement, puisque, traduit littéralement, il signifie "présentoir à offrandes". Ramené à son sens le plus immédiat, l'autel est le meuble sur lequel la communauté des fidèles dispose les offrandes adressées aux bouddhas et aux divinités qui, sous forme de statues, affirment à l'arrière-plan leur présence hiératique et pourtant chaleureuse.

LA NOTION D'OFFRANDE occupe une place très importante dans la tradition bouddhiste, car c'est notre capacité à offrir qui nous permet d'engranger au tréfonds de notre conscience le mérite qui sera source, dans nos vies à venir, de notre bien-être matériel et de l'accroissement de nos facultés spirituelles. Dès cette vie, l'offrande nous apprend par ailleurs à nous détacher des biens de ce monde et, par conséquent, à gagner une certaine liberté.

Pour que cette offrande prenne toute sa valeur, il faut que notre motivation soit juste et que celui à qui nous offrons en soit digne: un bouddha, un bodhisattva, un maître, tout être élevé spirituellement, tout objet sacré.

Citons un récit qui, parmi de multiples histoires similaires, illustre la puissance de l'offrande.

A l'époque d'un précédent bouddha, vivait un couple de mendiants si pauvres qu'ils ne possédaient pour se vêtir qu'une guenille pour deux, l'enfilant à tour de rôle pour aller quémander leur nourriture. Le bouddha de l'époque vint à résider un moment dans leur ville et l'un de ses moines, croisant la pauvre femme, l'incita à recevoir sa bénédiction d'une manière ou d'une autre.

La femme, prenant alors conscience que sa pauvreté actuelle n'était que le résultat, selon la loi du karma, de son incapacité à donner dans ses vies passées décida de faire une offrande au Bouddha. Elle ne possédait rien d'autre que la guenille partagée avec son mari. Ce n'était pas un présent bien digne; mais, que donner d'autre?

Son époux lui fit remarquer qu'il leur serait ensuite, par indécence, impossible de mendier et qu'il ne leur resterait plus qu'à mourir. La femme le reconnut volontiers, mais lui expliqua qu'ils ne perdraient pas grand chose en perdant une vie misérable; en revanche, leur don leur assurerait un bagage de mérite pour leurs vies futures.

Se couvrant tant bien que mal d'herbes et de feuilles, la femme remit la guenille au moine qu'elle avait rencontré en lui demandant de l'offrir de sa part au Bouddha. Celui-ci, en présence d'une assemblée comptant de nombreux riches et puissants, montra le vieux morceau de tissu en déclarant qu'il s'agissait là de la plus belle des offrandes, car elle représentait toutes les possessions d'une vieille femme à la motivation très pure.

Revenons à notre autel. Nous examinerons successivement les principaux objets qui l'occupent: les bols d'offrande, le mandala, l'aiguière et les tormas.

L'eau pour boire apaise la chaleur des passions.

LES BOLS D'OFFRANDE occupent la place la plus importante sur l'autel, remplissant parfaitement la mission qui est destinée à celui-ci, comme nous venons de le voir. Ils servent de support, complétés par une lampe à beurre, à une série de huit offrandes traditionnelles (appelées, en fait, *les sept offrandes*, les deux premières étant comptées pour une), disposées en ligne dans un ordre défini:

- *l'eau pour boire*: un bol rempli d'eau pure (parfois teintée de safran);

L'eau lustrale lave notre esprit des empreintes négatives et des voiles.

- *l'eau lustrale*: également un bol rempli d'eau pure;

Les fleurs
ouvrent le lotus de
la félicité.

L'encens
révèle la vraie
nature de la
manifestation.

La lumière
conduit à la claire
lumière de l'esprit.

- *les fleurs*: un bol rempli de riz (ou d'une autre céréale) dans lequel sont piquées des fleurs, souvent artificielles de nos jours, ou disposés des pétales séchés;

- *l'encens*: un bol rempli de riz dans lequel sont plantés des bâtons d'encens (qui ne sont pas allumés);

- *la lumière*: une lampe à beurre allumée;

- *l'eau parfumée*: un bol rempli d'eau pure dans laquelle sont éventuellement versées quelques gouttes de parfum;

- *la nourriture*: un bol rempli de riz sur lequel est posée une figurine de farine (une *torma*) appelée *shelzé*;

- *la musique*: un bol rempli de riz sur lequel est posée une petite conque marine.

Les bols doivent être parfaitement propres, bien disposés et séparés l'un de l'autre par l'espace d'un doigt (dans le cas d'un autel domestique, les bols étant plus petits, l'espace est ramené à la taille d'un grain de riz). Ceux qui contiennent de l'eau sont soigneusement remplis chaque matin et vidés chaque soir. Le riz qui remplit les autres n'est changé que périodiquement, par exemple à l'occasion des pleines lunes.

Outre les bols que nous venons de décrire, il n'est pas rare de trouver sur les autels de nombreux autres bols simplement remplis d'eau. Ils sont une manière de rendre les offrandes plus nombreuses et plus généreuses.

Ces offrandes, avant de gagner le Tibet, ont vu le jour dans l'antiquité de l'Inde et correspondent, pour la plupart, à la réception qu'on pouvait offrir à un personnage important.

Lorsqu'on accueillait en effet un hôte de marque, il fallait, en premier lieu, le rafraîchir après la chaleur torride de la route; aussi lui offrait-on de l'eau à boire.

Les chemins étaient poussiéreux et l'on marchait pieds nus ou en sandales, d'où la nécessité de laver les pieds du nouvel arrivant.

L'eau parfumée fait naître la sagesse jointe à la compassion.

Pour honorer l'hôte, on le parait de guirlandes de fleurs, comme cela se fait encore en Inde, on brûlait de l'encens et l'on offrait des parfums.

On lui présentait ensuite un repas. Il est à noter que la torma représentant la nourriture était, en Inde, composée des "trois blancs" (lait, yaourt et beurre) et des "trois sucrés" (miel, sucre et mélasse), symboles à la fois de la pureté et de la saveur de la nourriture. Au Tibet, elle est faite plus simplement d'une pâte à base de farine et d'eau.

La nourriture met en mouvement la dynamique de la sagesse.

On charmait enfin ses oreilles par de la musique.

Ce qu'on offrait à un hôte de marque, comment ne pourrait-on l'offrir au plus noble et au plus saint des hôtes: le Bouddha en personne?

La lumière, que matérialise la lampe à beurre intercalée entre les bols, semble remplir une fonction beaucoup plus symbolique. Elle représente en effet la clarté qui dissipe les ténèbres de l'ignorance. On raconte, par exemple, que Sariputra, le disciple du Bouddha le plus réputé pour son intelligence, devait celle-ci, du moins en partie, à une lampe

La musique préfigure les qualités rayonnantes de l'Eveil.

à beurre qu'il avait allumée avec foi devant un stoupa dans une vie précédente. Il est à noter que les Tibétains, loin de mépriser le modernisme, l'assimilent volontiers à leurs coutumes. Aussi n'est-il pas rare de rencontrer désormais, surtout au Népal et en Inde, des chapelets d'ampoules électriques courant sur les autels.

Chaque offrande est aussi mise en correspondance avec le développement d'une qualité spirituelle qui lui est associée:

- l'eau pour boire apaise la canicule des passions;
- l'eau lustrale lave notre esprit des empreintes négatives et des voiles qui l'entachent;
- les fleurs ouvrent en notre conscience le lotus de la "félicité vide";
- l'encens nous permet de voir que tous les phénomènes sont semblables à un rêve ou à une création magique;
- la lumière nous conduit à réaliser la véritable nature de notre esprit, ce qu'on appelle la "claire lumière";
- l'eau parfumée fait naître la sagesse jointe à la compassion;
- la nourriture est associée à la dynamique de la sagesse;
- la musique préfigure l'épanouissement des multiples qualités de l'Eveil.

Les offrandes matériellement présentées dans les bols ne sont en réalité qu'un support pour des offrandes infiniment plus vastes imaginées par l'officiant. Lorsqu'il remplit le premier bol d'eau, par exemple, il pense qu'il offre en même temps toutes les rivières, toutes les mers et toutes les eaux pures de l'univers. Par les fleurs et l'encens, sont offertes toutes les fleurs et toutes les senteurs qui embaument le monde. A la lumière de la lampe à beurre est associée celle du soleil, de la lune et des étoiles. De même, par le biais de l'eau parfumée, tous les parfums sont-ils offerts, par la torma de nourriture tous les mets savoureux, par la conque toutes les musiques et tous les chants.

Les bouddhas n'ont, à proprement parler, aucun besoin de nos offrandes. Ils n'attendent nul sacrifice comme salaire de l'aide qu'ils nous accordent. Il est dit cependant que nos offrandes

Les **offrandes sur l'autel** disposées dans l'ordre traditionnel

faites d'un cœur pur les réjouissent, car elles participent à notre marche vers l'Eveil. Or, la compassion spontanée et ininterrompue des bouddhas veut la disparition des souffrances de tous les êtres et celle-ci ne peut s'opérer complètement et définitivement que par l'Eveil.

Plus encore que la qualité matérielle de l'offrande présentée, c'est la motivation qui fait la valeur de l'offrande. Les Tibétains, à ce sujet, racontent volontiers l'histoire de Guéshé Bèn, un bandit converti au dharma, renommé pour sa vigueur, sa franchise et sa simplicité.

Guéshé Bèn vivait à un certain moment en retraite, ses besoins étant assurés par un généreux bienfaiteur. Manquant quelque peu d'application, il avait tellement négligé son autel que les offrandes n'avaient plus d'offrande que le nom, couvertes de taches et de poussière, indignes de la gloire des bouddhas auxquels elles étaient destinées.

Or, voici qu'un jour, son bienfaiteur lui fit savoir qu'il s'apprêtait à lui rendre visite. Emoi dans l'esprit de Guéshé Bèn: impossible de recevoir son hôte dans un désordre qui, face à autrui, lui faisait honte.

Aussi se mit-il en devoir d'épousseter l'autel, de gratter les taches de graisse laissées par le beurre des lampes, d'astiquer, de polir, d'apprêter. En quelques heures de travail, tout fut étincelant. Comme le bienfaiteur allait être content!

Content, le bienfaiteur, c'est certain, il le serait. Mais, au fait, était-ce bien à lui que les offrandes étaient destinées? Guéshé Bèn fit retour sur lui-même et comprit son hypocrisie.

Il prit alors des cendres à pleines mains et les jeta sur l'autel qu'il venait de briquer avec tellement de soin.

Il est dit que l'offrande ainsi faite fut la plus belle des offrandes que pouvait présenter Guéshé Bèn.

LE MANDALA - Devant l'autel, on trouve très souvent un disque d'argent ou de cuivre, d'une vingtaine de centimètres de diamètre, servant à un empilement de riz maintenu par des anneaux superposés de plus en plus étroits. Ce petit assemblage, appelé *mandala* (dans un sens différent des peintures du même nom), ne symbolise rien moins que l'univers, ici offert au Bouddha.

Pour en comprendre le symbolisme, il faut se référer à la conception qu'on avait de l'univers dans l'antiquité indienne, assez éloignée, est-il nécessaire de le dire, de la vision que nous en ont donnée les sciences modernes.

Modeste par sa taille, **le mandala** où s'empile le riz symbolise pourtant une immense offrande: l'univers entier avec tout ce qu'il contient de beau et de bon.

Selon la cosmologie bouddhiste traditionnelle, l'univers est en effet composé d'une multiplicité de mondes qui s'organisent tous selon le même modèle, dont les principaux composants sont les suivants:

- une base circulaire en or,
- recouverte par un immense océan,
- au milieu de l'océan, une montagne axiale, le Mont Mérou,
- autour du Mont Mérou, quatre continents dotés de formes particulières.

Différentes sortes d'hommes vivent sur les quatre continents, tandis que le Mont Mérou et les cieux qui le surmontent sont peuplés de dieux de diverses catégories.

Quelle plus vaste offrande présenter au Bouddha que l'univers rempli de tout ce qu'il possède de bon et de beau? C'est ce que symbolise, malgré sa modestie apparente, notre disque de métal et son riz.

Chaque partie représente en fait des éléments différents de l'offrande du monde:

- la base de métal tient lieu de base d'or sur laquelle repose le monde;
- le premier cercle de riz, maintenu par le premier anneau, symbolise les quatre continents ainsi que le Mont Mérou;

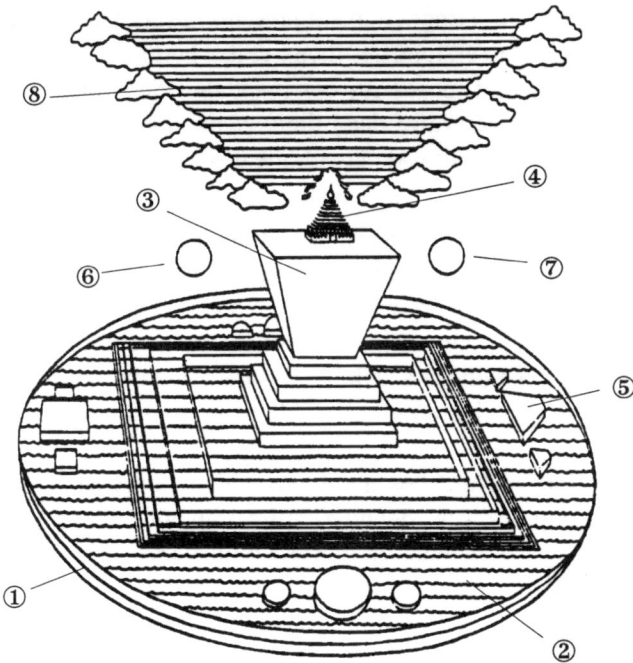

L'univers

Tel que se le représentait la cosmologie antique, notre monde reposerait sur une base circulaire entourée d'une chaîne de montagnes (①) enserrant un immense océan (②). Le centre est occupé par l'imposant Mont Mérou (③) au sommet duquel s'élève le palais du dieu Indra (④). Les hommes que nous sommes occupent le continent de Jambuvipa (⑤). Dans le ciel, où apparaissent le soleil (⑥) et la lune (⑦), s'étagent différents mondes divins (⑧).

- le deuxième cercle représente les possessions d'un "monarque universel", regardées comme particulièrement précieuses et donc dignes d'être offertes (la précieuse roue, le précieux joyau, la précieuse reine, le précieux général, le précieux ministre, le précieux éléphant et le précieux cheval);
- le troisième cercle symbolise les déesses d'offrandes qui se tiennent dans le ciel: déesses gracieuses, déesses des guirlandes, déesses des chants, déesses des danses, déesses des fleurs, déesses des encens, déesses des lumières, déesses des parfums; toutes forment un ballet harmonieux;
- un joyau couronne l'ensemble.

Se trouvent aussi implicitement présents le soleil, la lune, ainsi que toutes les possessions des dieux et des hommes.

On voit souvent, posés sur ces mandalas, des billets ou des pièces de monnaie, voire des bijoux et des pierres précieuses, témoins supplémentaires de la volonté d'offrir.

On trouve là, encore une fois, un parfait exemple de la symbolique inscrite dans les objets, de la symbiose entre l'esprit et la matière en laquelle les Tibétains excellent. Par l'imagination l'esprit déploie magnifiquement les offrandes et toute leur splendeur; la matière, pourtant inerte, soutient quant à elle, l'élan de l'esprit et le poursuit dans la durée, assurant une mystérieuse présence même quand le temple est vide de tout visiteur.

L'AIGUIÈRE - Parmi les nombreux objets posés sur un autel tibétain, l'aiguière (tib. *boumpa*) attire souvent l'attention, surmontée qu'elle est d'un toupet de plumes de paon.

Remplie d'eau, généralement safranée, l'aiguière est utilisée dans différentes circonstances, par exemple lors des initiations où elle joue un grand rôle. Son usage commun reste toutefois de permettre, au cours des rituels, de purifier ou de consacrer les offrandes, la tige de métal surmontée de plumes de paon et plongée dans le vase faisant alors office de goupillon.

LES TORMAS (sct. *bali*) - Les tormas constituent les objets peut-être les plus étranges de ceux que l'on peut voir sur l'autel. Figurines colorées, parfois porteuses de bras qui semblent s'être figés dans de mystérieux sémaphores, parées d'ornements se déployant comme des corolles, que peuvent-elles bien signifier?

Disons tout de suite qu'il existe, réunies sous le même vocable, plusieurs types de tormas fort différents, dont les deux principaux sont:
- les *bul-tor* (torma d'offrande), souvent appelés "gâteaux d'offrande", petites figurines de pâte utilisées comme offrandes au cours des rituels, soit à l'adresse des forces adverses afin de les contenter, soit à l'intention des divinités pour attirer leur bénédiction et recevoir leurs accomplissements;

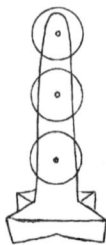

exemple
de *bul-tor*

- les *tèn-tor* (torma-support), figures plus imposantes, installées à demeure sur l'autel et jouant un rôle très différent. Ce sont elles que le visiteur verra et dont nous allons ici traiter, en les appelant simplement "tormas".

Ces tormas représentent, en fait, les divinités elles-mêmes ou bien encore le support dans lequel réside la divinité, à la manière d'un palais. Au cours du rituel, les officiants ne regardent donc plus la torma comme un objet matériel, mais l'imaginent sous la forme de la divinité.

Chaque divinité possède une torma de forme différente, de nombreuses variantes intervenant par ailleurs d'une école à une autre. Bien que les tantras mentionnent les tormas, ils n'en donnent pas une description précise, ce qui explique la diversité des aspects.

Il semble que cette manière quasi abstraite de représenter les divinités soit liée, à l'origine, au souci de garder le secret sur la pratique entreprise, secret nécessaire pour son efficacité. Une forme plus suggestive aurait en effet permis à un intrus de deviner ce que faisait le méditant, ce qui aurait pu lui être nuisible. Il faut se rappeler qu'en Inde, notamment, le vajrayana, dans lequel sont révélées les divinités, était un enseignement très confidentiel dont les adeptes devaient rester anonymes. Au Tibet, les choses sont devenues, dans une grande mesure, plus ouvertes et visibles, mais les coutumes héritées de la terre sacrée sont restées.

Torma d'une divinité irritée.

On remarque le vaste ornement triangulaire qui l'entoure, représentant des flammes, ainsi que les ornements circulaires tenant lieu de fleurs.

On attribue parfois aux divers éléments d'une torma un sens symbolique qui peut se situer sur différents plans. Ainsi, lorsqu'une torma possède comme deux ailes, celles-ci peuvent, de manière anthropomorphique, représenter les bras de la divinité, ou bien, sur le plan des énergies subtiles, symboliser les canaux (sct. *nadi*) latéraux tandis que le corps de la torma tient lieu de canal central.

L'ornement figurant la lune représente la force active (et masculine) de l'Eveil, à savoir la compassion, tandis que le soleil (pôle féminin) symbolise la sagesse. Celui-ci est généralement surmonté par une petite pointe (un *nada*), comme une flammèche, qui désigne le "feu spirituel" résultant de l'union de la sagesse et de la compassion; parfois, on l'interprète encore comme représentant l'esprit.

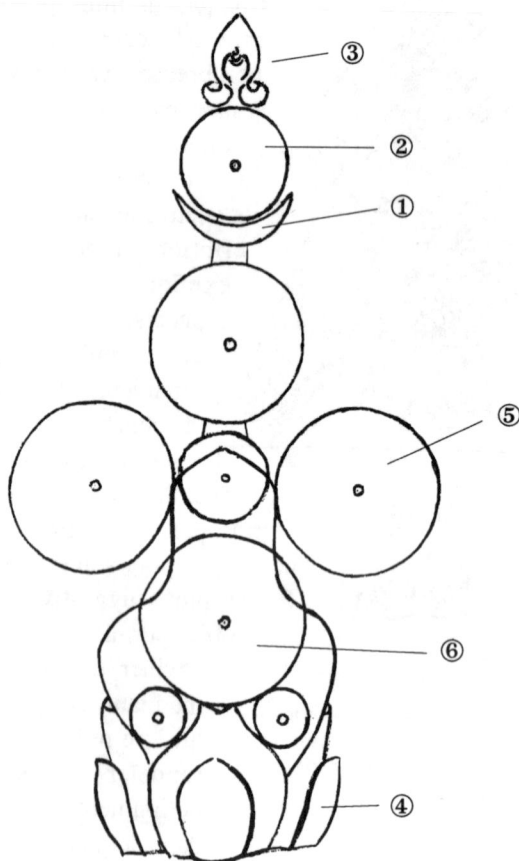

Torma de Tara

Sur cette représentation schématique de la *tèn-tor* de la divinité Tara (selon l'ordre Kagyupa), on aperçoit au sommet la lune (①), le soleil (②) et le *nada* (③) sous une forme stylisée. La base est enserrée de pétales (④) figurant un lotus. Les cercles (⑤) de droite et de gauche, montés sur des bâtons, symbolisent les bras (ou les canaux subtils). Les ornements circulaires (⑥) sur le corps de la torma représentent des fleurs.

Le mot "torma" signifie étymologiquement "dispersion"; dans le cas des tormas d'offrande que nous avons mentionnées plus haut, le terme repose sur une signification matérielle claire, dans la mesure où ces offrandes sont distribuées, donc dispersées. Dans le cas des tormas-support, ce qui est dispersé, c'est-à-dire, cette fois-ci, écarté, ce sont les imperfections et les perturbations de notre esprit, grâce à la méditation de la divinité; en ce sens, la torma-divinité "disperse" nos souillures intérieures.

LES CROIX DE FILS (tib. *deu*) - Mentionnons ici, sans que ce soit sur l'autel, de curieux montages de fils que l'on voit parfois dans les temples. Il s'agit de deux morceaux de bois entrecroisés sur lesquels sont tissés en losange de nombreux fils de couleurs formant comme une toile d'araignée multicolore.

Ces croix de fils servent à deux usages différents:

- D'une part, elles peuvent faire fonction de demeure d'une divinité à l'occasion d'un rituel, rejoignant en ce sens la tèn-tor dont nous venons de parler, les fils colorés et harmonieusement disposés représentant le palais céleste. Des pierres semi-précieuses, des morceaux de soie, des pièces de monnaie, etc., peuvent alors agrémenter la structure pour désigner les richesses divines. On y adjoint parfois des attributs miniatures de la divinité, qui peuvent être des armes s'il s'agit d'une divinité de forme irritée.

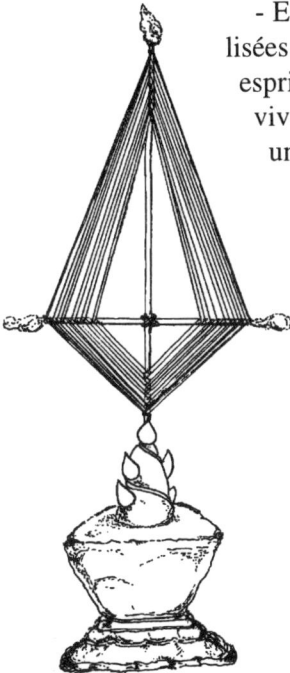

- Elles peuvent, d'autre part, être utilisées pour "emprisonner" des mauvais esprits qui, attirés par les couleurs vives, se retrouvent pris comme dans une toile d'araignée.

Les bouddhistes attribuent l'introduction de ces croix de fils au Tibet à Padmasambhava. D'autres y voient une survivance de croyances prébouddhistes.

Croix de fils

Selon les circonstances, elle sert de demeure à la divinité ou de piège à mauvais esprits.

Les textes sacrés

Au-dessus ou de chaque côté de l'autel (mais ce peut-être aussi dans un autre endroit du temple ou dans une pièce réservée à cet effet) on voit parfois une grande quantité de cases en bois dans lesquelles sont déposés de curieux "paquets" enrobés de tissu. Ces paquets sont en réalité des textes sacrés dont on aperçoit l'extrémité. Un texte tibétain se compose en effet de feuilles volantes, tout en longueur; les maintenant entre deux plaques de bois, on les enveloppe dans une pièce de tissu précieux pour éviter leur dispersion ainsi que pour les protéger de la poussière et du noir de fumée.

Parmi les textes sacrés, tiennent évidemment la première place ceux qui renferment la parole du Bouddha consignée par ses disciples: les *soutras* (l'enseignement exotérique du Maître) et les *tantras* (son enseignement ésotérique). L'ensemble, dans sa version tibétaine, constitue le *Kangyour* (mot à mot: *Parole Traduite*) et contient 108 volumes de 400 à 500 pages chacun.

Aussitôt après en ordre d'importance, vient le *Tèngyour* (*Commentaires Traduits*), autrement dit la traduction des traités rédigés par les grands maîtres bouddhistes de l'Inde ancienne. Ce groupe comporte pour sa part 227 volumes.

Au Tibet, où les textes étaient imprimés à la main à l'aide de planches xylographiques, ces collections constituaient pour les monastères un fort précieux trésor.

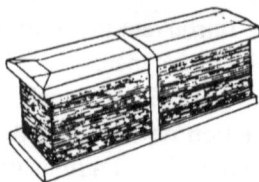

Volume tibétain. Les feuillets volants sont enserrés entre deux planchettes.

Un temple, fort heureusement, n'est pas un musée. De ce que nous avons pu y observer, rien n'est un objet inerte, simple témoin d'une civilisation défunte. Tout, au contraire, révèle une présence active et participe à la vie du lieu, vie dont les moments forts sont, sans conteste, les rituels, sur lesquels nous allons maintenant nous pencher.

LES RITUELS

*L*e temple tibétain fait normalement partie d'un ensemble monastique (appelé *gœunpa*, terme parfois utilisé à tort par les Occidentaux pour désigner le lhakhang), sa fonction première étant de servir de lieu d'assemblée aux moines pour les rituels, les laïcs ne s'y regroupant que rarement. En ce sens, il diffère assez profondément des églises paroissiales de la religion catholique, du temple protestant, de la mosquée ou de la synagogue, dédiés à l'assemblée des laïcs sous la direction d'un membre consacré.

On peut dire que, du point de vue de leur fonctionnement, les rituels du bouddhisme tibétain sont l'affaire des "professionnels" de la religion que sont les moines. En dehors des initiations, qu'ils reçoivent souvent comme une bénédiction, et des visites aux fins de déposer des offrandes, les laïcs, s'ils patronnent volontiers des cérémonies pour des intentions particulières ou simplement pour participer au bien général, ne fréquentent guère le temple, accordant toute confiance aux religieux pour assurer le bien-être commun par le biais de leur activité.

Il est à noter que, de ce point de vue, un certain changement semble s'opérer en Occident où les bouddhistes, préférant la position d'acteur à celle de simple bienfaiteur ou de témoin, apprennent souvent avec courage à suivre les cérémonies tibétaines qu'ils effectuent avec application dans les temples édifiés dans leurs propres pays.

Le plus souvent, les moines se réunissent dans le lhakhang le matin et le soir pour y effectuer différents rituels. Ceux du matin sont plus volontiers adressés à des divinités paisibles (Tara ou d'autres), tandis que ceux du soir concernent le plus souvent des divinités irritées comme Mahakala. Lors de certains jours consacrés, comme la pleine lune, ou en certaines occasions, ils y accomplissent aussi des cérémonies très longues et très complexes qui peuvent durer une journée entière, voire s'étaler sur plusieurs jours.

La fonction des rituels

La très grande majorité des rituels sont exécutés en rapport avec les "divinités", dont il faut rappeler qu'elles ne sont autres que des expressions variées de l'esprit du Bouddha. Pour bien comprendre ce que sont les liturgies bouddhistes, le mieux est certainement de laisser la parole à un maître tibétain:

"Un rituel est un moyen d'accomplir la pratique d'une divinité, d'établir un lien profond avec elle. Il comporte différentes phases qui sont autant d'éléments permettant d'établir cette relation: la visualisation de la divinité, les offrandes qui lui sont faites, les prières qui lui sont adressées, la récitation de son mantra, etc. Par le rituel, notre esprit s'imprègne de la présence et de la bénédiction de la divinité.

Les rituels peuvent être extrêmement longs ou très brefs, collectifs ou individuels, leur fonction reste toujours la même: par la méditation de la divinité, par la récitation du mantra et par les autres composants, donner à notre esprit l'habitude de la divinité, faire que celle-ci laisse profondément son empreinte bénéfique en nous.

Ainsi compris, le rituel agit sur notre esprit: d'une part, il nous aide à nous purifier du voile de l'ignorance et des autres voiles; d'autre part, notamment par les offrandes et par les louanges, il nous permet d'accumuler du mérite, de créer un potentiel karmique positif; enfin, il prépare la manifestation du Corps de Gloire, la manifestation de la véritable divinité, indifférenciée de notre propre esprit."

(Bokar Rimpotché, Tara, le Divin au Féminin, Vernègues, 1997)

On voit au travers de ces propos que le rituel contribue à opérer simultanément un double travail:

- d'un côté, il effectue une préparation psychique de l'individu en remodelant les couches profondes de son inconscient; cette préparation comprend une part de purification (l'effacement des potentialités karmiques négatives et obscurcissantes) et une part d'accumulation de mérite (l'adjonction de potentialités positives et favorables); on peut comparer cette phase au nettoyage du terrain, à son labourage et à son enrichissement par les engrais;

- d'un autre côté, par un effet d'osmose avec la divinité, il favorise l'éclosion de la nature divine de la personne, son propre état de bouddha, phase comparable avec le développement de la récolte, virtuellement présente dans les semences.

Un rituel possède sans doute un certain effet par lui-même, en raison de la puissance spirituelle dont il est chargé. Il sera cependant d'une efficacité plus grande s'il est effectué correctement. Pour ce faire, il requiert la pleine participation des officiants: par le corps, par la parole et par l'esprit.

LA PARTICIPATION DU CORPS: LES MOUDRAS - Un rituel tant soit peu complexe est ponctué à de nombreuses reprises de gestes symboliques — les *moudras* — effectués avec les mains. Il existe un grand nombre de ces moudras, leur exécution comprenant par ailleurs bien des variantes d'un ordre du bouddhisme à l'autre, voire d'un monastère à un autre.

Citons notamment ceux qui accompagnent les huit offrandes traditionnelles que nous avons étudiées à propos de l'autel; ces offrandes, en effet, se trouvent non seulement disposées matériellement, mais elles sont aussi présentées en imagination par les officiants lors de diverses phases du rituel. Elles sont alors accompagnées de moudras qui soutiennent et renforcent l'effort de l'esprit:

- pour l'offrande d'eau pour boire, les deux mains se joignent, formant comme une coupe;
- pour l'offrande d'eau lustrale, la main droite glisse sur la main gauche, comme pour nettoyer ou pour essuyer;
- pour l'offrande de fleurs, les deux mains imitent l'éclosion de boutons de fleurs;
- pour l'offrande d'encens, les doigts se superposent, évoquant les volutes de fumées qui s'élèvent;
- pour l'offrande de lumière, les mains forment la silhouette d'une lampe à beurre, les pouces dressés symbolisant la flamme;
- pour l'offrande d'eau parfumée, les doigts semblent asperger ce qui se trouve devant eux;
- pour l'offrande de nourriture, les mains forment comme un plateau;
- pour l'offrande de musique, enfin, c'est le battement du tambour qui est imité.

Ces moudras s'enchaînent dans des séquences très rapides, souvent précédées et entrecoupées de gracieuses circonvolutions des mains qu'on appelle "cercles de lotus".

Parmi les autres moudras courants, signalons celui de l'offrande de l'univers, celui de l'invitation, celui par lequel on offre un siège à la divinité, etc. La description de tous ces gestes serait sans doute fastidieuse et peu évocatrice; mieux vaut les regarder et se laisser prendre dans le mouvement d'harmonie qu'ils produisent lorsqu'ils sont effectués par toute une communauté.

LA PARTICIPATION DE LA PAROLE: LES MANTRAS - La participation de la parole est évidente dans le rituel, puisque les participants psalmodient leur texte d'un bout à l'autre. Si l'ensemble du texte recèle un caractère sacré, celui-ci se trouve encore davantage accentué dans les mantras.

Les mantras sont des formules sacrées assez brèves dont l'origine remonte au Bouddha lui-même. Elles tirent leur puissance non de leur sens, mais de la science des sonorités et de leurs effets sur les profondeurs de l'inconscient ainsi que de la charge spirituelle qu'elles contiennent. Pour cette raison, contrairement à l'ensemble de la littérature bouddhiste, les mantras n'ont pas été traduits en tibétain, mais continuent d'être récités dans leur langue originale, le sanscrit.

De nombreux mantras sont utilisés lors d'un rituel. On peut les répartir en deux catégories:

- *les mantras utilisés ponctuellement* pour une séquence particulière de la méditation; par exemple, les mantras d'offrandes qui vont de paire avec les moudras que nous venons de décrire, ou bien les mantras qui servent à dissiper la manifestation ordinaire afin de préparer la production en esprit de la manifestation éveillée, ou encore ceux qui invitent les divinités, ceux qui scellent leur présence, etc.;

- *les mantras utilisés pour une récitation répétitive*, autrement dit le mantra de la divinité du rituel, que l'on répète de très nombreuses fois à la suite; cette récitation, qui peut se faire, selon les cas, en silence ou dans un murmure à mi-voix, permet aux participants de s'imprégner de la puissance de ce qu'on pourrait appeler la réalité sonore de la divinité, indivisible de son essence même.

ཨོཾ་མ་ཎི་པདྨེ་ཧཱུྃ།

Le **mantra** d'Avalokiteshvara (Tchènrézi) OM MANI PADMÉ HOUNG. Bien qu'écrit en alphabet tibétain, le mantra reproduit la phonétique de la langue originale dans laquelle il fut énoncé, le sanscrit.

LA PARTICIPATION DE L'ESPRIT: LA MÉDITATION - Le corps et la parole soutiennent et prolongent l'esprit, mais il est bien évident que, sans la participation active de celui-ci, ils perdent grandement leur pouvoir. Aussi les officiants doivent-ils s'efforcer de préserver, au mieux de leur capacité, leur attention fixée sur le déroulement intérieur de la cérémonie.

Un rituel demande en effet, d'un bout à l'autre, de maintenir un état de concentration permettant d'effectuer les différentes phases méditatives. Par méditation, il ne faut pas ici nécessairement entendre le maintien d'une simple vigilance silencieuse, mais, le plus souvent, un effort de l'imagination pour créer en esprit ce que le texte décrit ou implique par les mots. L'officiant effectue ainsi de nombreuses "visualisations", se conformant intérieurement au rythme d'une dramaturgie sacrée dont les personnages ne sont autres que les divinités: il les invite, leur présente des offrandes, leur adresse des louanges, voit leur présence, leur corps lumineux, leurs parures, s'imagine éventuellement lui-même sous leur forme, etc.

Dans une certaine mesure, le méditant n'est plus, au cours d'un rituel, l'individu terrestre qui le limite habituellement; il se mêle déjà à l'infinie réalité éveillée qui n'est autre que sa vraie nature.

Les officiants

Au cours des rituels, les officiants sont disposés en deux groupes de rangées face à face, situées perpendiculairement à l'autel. Trois d'entre eux occupent une fonction particulièrement importante:

• En tête (c'est-à-dire vers l'autel) de la rangée de droite, la plus importante hiérarchiquement, est assis, sur un trône ou un siège surélevé, le *vajracharya* (tib. *dorjé lopeun*), qui a pour mission de mener intérieurement la cérémonie, en accomplissant parfaitement les différentes visualisations qu'elle implique. La fonction de vajracharya est attribuée, lorsque cela est possible, à un lama possédant une grande réalisation. Pendant les séquences musicales, il

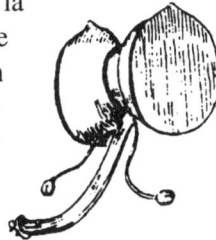

Damarou

Ce petit tambour est utilisé par le maître de la cérémonie (le vajracharya) afin de rythmer les séquences musicales.

joue de la cloche et d'un petit tambour à boules fouettantes appelé *damarou*.

• A côté de lui est assis l'*oumzé*, qui tient les cymbales et possède la charge de guider le chant et la musique. L'oumzé doit non seulement avoir le sens de la musique et posséder une voix belle et forte (les micros n'existaient pas au Tibet), mais il doit aussi être doté d'une excellente mémoire, puisqu'il lui était demandé de savoir par cœur de nombreux rituels, souvent très longs et très complexes.

• Enfin le *tcheupeun*, mot à mot "maître des offrandes", s'occupe de toutes les manipulations qui doivent être effectuées sur l'autel.

Parmi les autres officiants, certains jouent, lorsque le rituel le demande, des différents instruments de musique: tambour, trompes, hautbois, cors et conques; tous psalmodient la liturgie qu'ils connaissent par cœur pour les offices les plus courants ou qu'ils suivent sur les textes posés sur la tablette devant eux. Lorsque la cérémonie est très longue, un thé (au Tibet, mêlé de lait, de beurre et de sel, particulièrement nourrissant) peut être distribué à tous les moines, tâche accomplie par des benjamins de la communauté, que l'on voit alors parcourir les rangs chargés d'énormes pots en métal, lourds et fumants.

Lors des rituels quotidiens, les officiants portent leurs habits de moine ordinaires. Au cours de certaines cérémonies particulièrement solennelles, ils se drapent toutefois d'un grand *zèn* (châle) jaune. Il leur arrive aussi de se couvrir la tête de coiffes de cérémonies dont la forme et la couleur varient selon l'ordre auquel ils appartiennent. C'est cette coutume qui conduisit naguère les Occidentaux à classer les religieux tibétains en "Bonnets Rouges" et "Bonnets Jaunes", terminologie fort heureusement abandonnée aujourd'hui.

Lama portant une coiffe
de cérémonie.

Les trois objets indispensables

Tout pratiquant du bouddhisme au Tibet et tout officiant d'un rituel possède nécessairement trois objets auxquels les Tibétains attribuent un symbolisme profond et minutieux. Ce sont le vajra, la cloche et le mala.

LE VAJRA (tib. *dorjé*) est sans doute le symbole le plus important du bouddhisme tibétain, dans lequel il est omniprésent. Le terme signifie "diamant" et désigne la nature indestructible de l'esprit en soi, de l'éveil, qui est à la fois impérissable et indivisible. Le petit sceptre sous la forme duquel il se présente, semble être, à l'origine, le foudre-diamant du dieu Indra (le Zeus des hindous), marque de royauté et de puissance.

Lorsqu'il est associé à la cloche, le vajra symbolise les moyens habiles et la compassion, tandis que la cloche représente la connaissance et la vacuité. Les tenir ensemble dénote l'unité de la connaissance et des moyens.

Le vajra peut avoir cinq ou neuf pointes, la seconde forme étant toutefois peu fréquente. Examinons son symbolisme en détail.

• Les *cinq pointes supérieures* (①) représentent les cinq sagesses, cinq facettes du diamant qu'est l'esprit éveillé:
- la sagesse semblable au miroir, qui signifie que l'esprit éveillé, tout comme un miroir parfaitement poli, reflète nettement toutes choses, possède la capacité de tout connaître, sans aucune confusion;
- la sagesse de l'égalité, qui reconnaît que tous les phénomènes du samsara (le monde ordinaire) et du nirvana (les champs purs ou paradis des bouddhas) sont d'une nature égale en ce sens qu'ils sont d'une essence unique: la vacuité;
- la sagesse de la distinction, qui dénote que l'esprit éveillé perçoit non seulement la vacuité de tous les phénomènes (ce qu'opère la sagesse de l'égalité) mais aussi, dans une simultanéité sans confusion, tous les phénomènes tels qu'ils se manifestent;
- la sagesse accomplissante, qui permet aux bouddhas de créer des champs purs et des émanations œuvrant pour le bien des êtres;
- la sagesse de l'espace universel (sct. *dharmadatou*), qui indique que tous les phénomènes, au-delà de tout concept et de toute dualité, demeurent dans la connaissance pure de l'esprit. En même temps que les cinq sagesses, ces cinq pointes

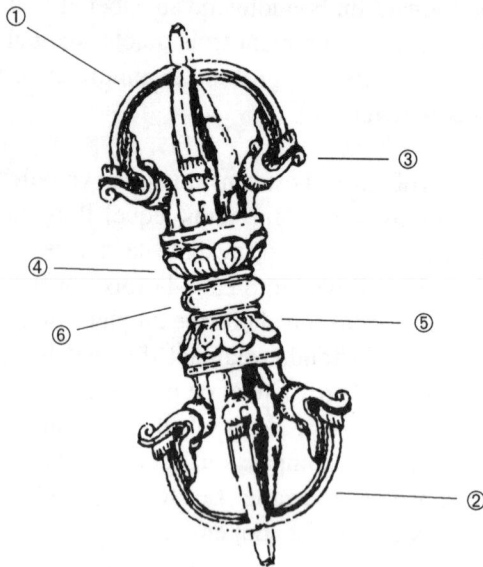

Le vajra

Objet essentiel de la symbolique bouddhiste, il recèle une signification riche et complexe.

supérieures symbolisent les Cinq Vainqueurs ou cinq principaux bouddhas masculins sur un plan mystique: Vairochana, Akshobya, Ratnasambhava, Amitabha, Amoghasiddhi.

• Les *cinq pointes inférieures* (②) symbolisent les Cinq Bouddhas Féminins.

Dans le cas d'un vajra à neuf pointes, les cinq pointes supérieures représentent les Cinq Vainqueurs associés à quatre des Bouddhas Féminins, tandis que les cinq pointes inférieures symbolisent les cinq sagesses associées aux quatre "sentiments illimités": amour, compassion, joie et équanimité.

• Les *bouches de makara* (monstre marin) (③) dont émergent les pointes dénotent la libération du cycle des existences.

• Les *huit pétales supérieurs* (④) représentent les huit bodhisattvas masculins, autrement dit huit grands bodhisattvas demeurant dans des domaines célestes.

• Les *huit pétales inférieurs* (⑤)sont les huit bodhisattvas féminins.

• La *partie ronde* au milieu (⑥) désigne la vacuité.

LA CLOCHE (tib. *drilbou*) symbolise, d'une manière générale, la vacuité, notion fondamentale du bouddhisme, souvent mal comprise en Occident où elle est associée à tort à la notion de néant. Or, la vacuité ne signifie pas que rien n'existe, mais que les phénomènes n'existent pas tels que nous les percevons en raison du voile de l'ignorance qui recouvre notre esprit. Ils sont, en réalité, "vides d'existence propre", n'étant fondamentalement que des expressions de la luminosité de l'esprit.

Examinons chacune des parties de la cloche:

• Sa *partie creuse* (①) représente la vacuité et son *battant* le "son" de la vacuité (c'est-à-dire sa dynamique contenant potentiellement la manifestation).

• Le *lotus à huit pétales* (②) symbolise les huit bodhisattvas féminins, associés à l'idée de vacuité comme toutes les divinités féminines.

• Le *vase* (③) contient le nectar des accomplissements.

• Le *visage* (④) sur le manche est celui de la divinité féminine Prajnaparamita, symbole de la connaissance de la vacuité.

• Le *vajra* (⑤) renferme son propre symbolisme tel que nous venons de le voir.

La cloche

Toujours associée au vajra (pôle masculin, symbole de la compassion), elle symbolise la connaissance de la vacuité (pôle féminin).

La cloche forme une paire avec le vajra, leur union représentant l'union de la connaissance et des moyens habiles, ou encore de la connaissance et de la compassion; c'est aussi l'union des principes féminin et masculin. Vajra et cloche, en raison de leur très puissante fonction symbolique, sont fréquemment utilisés au cours d'un rituel, le premier étant toujours tenu de la main droite et la seconde de la main gauche.

LE MALA (tib. *trèngwa*) est le rosaire du bouddhiste, l'objet dont le moine, voire le pratiquant laïc, ne se sépare presque jamais, le tenant à la main ou enroulé autour du poignet.

Le mala est tout d'abord un objet utilitaire: il sert de support tactile à la récitation des mantras, en même temps qu'il est utilisé pour les compter si l'on s'est fixé d'en répéter un nombre défini. L'égrener devient, chez certains fidèles, un quasi automatisme qui se met en œuvre dès que les mains sont libres.

Le mala est composé de 108 perles enfilées, ce qui justifie son nom, puisqu'il signifie simplement "guirlande" (de perles). Les différents composants recèlent chacun une signification symbolique précise:

• La *grosse perle* (①) — souvent en ivoire ou en os — qui clôt la boucle représente la connaissance de la vacuité;

• Le *petit cône* (②) qui la surmonte est la marque de la vacuité elle-même.

• Le *cordon* (③) sur lequel les perles sont enfilées doit, théoriquement, se présenter comme une tresse de plusieurs fils:
   - trois fils symbolisent les "trois Corps" d'un Bouddha (Corps Absolu, Corps de Gloire, Corps d'Emanation);
   - cinq fils symbolisent les "cinq sagesses" (voir la section consacrée au vajra) ou les "cinq familles" de bouddhas (famille de bouddha, famille du vajra, famille du joyau, famille du lotus, famille de l'activité);
   - neuf fils symbolisent le bouddha primordial Vajradhara et les huit grands bodhisattvas.

• Le *compteur terminé par un petit vajra* (④) représente les moyens habiles et la compassion. Ses dix anneaux (⑥) servent à comptabiliser les centaines de mantras.

• Le *compteur terminé par une petite cloche* (⑤) symbolise la connaissance et la vacuité. Ses dix anneaux servent à comptabiliser les milliers de mantras.

• Les *perles* (⑦) elles-mêmes peuvent être de différentes matières: graines de l'Arbre de la Bodhi, bois de santal, pierre

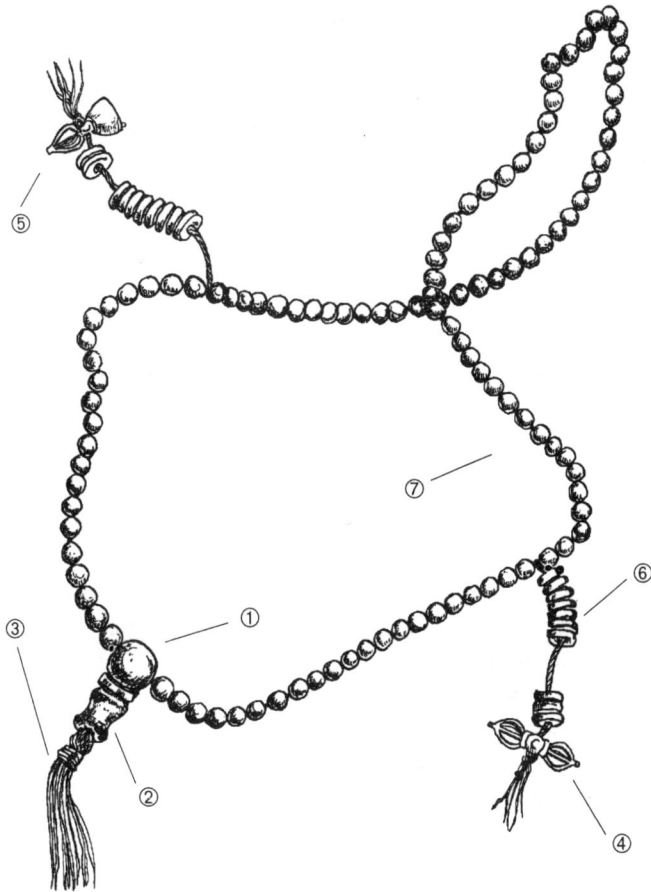

Le mala

Rosaire bouddhiste, il sert de support tactile à la récitation des mantras ainsi que de "compteur".

semi-précieuses, corail, etc. Selon l'activité que l'on veut accomplir, associée à des mantras spécifiques, certaines perles peuvent être préférées à d'autres:

- pour *apaiser*, c'est-à-dire dissiper, les facteurs perturbateurs, les maladies, les conflits, etc., on préférera des perles de cristal, de nacre ou de matière de couleur claire;
- pour *accroître* la durée de la vie, la connaissance, le mérite ou la richesse, l'or, l'argent, le cuivre, les graines de lotus, le bois de mûrier sont recommandés;
- pour *dominer*, on utilise du bois de santal, différentes substances odoriférantes ou le corail;
- pour *soumettre* des forces adverses, on a recours aux graines de raksha, à l'os, au fer, à la turquoise, à l'acacia ou à l'épine noire.

Malgré ces spécifications auxquelles on peut se conformer pour certaines périodes de retraite, le pratiquant utilise habituellement le même mala, généralement en graines de l'Arbre de la Bodhi, en graines dites de lotus ou en bois.

On tient toujours le mala de la main gauche, faisant glisser les perles sur l'index à l'aide du pouce. On l'égrène en tirant les perles vers soi, ce qui symbolise que l'on tire les êtres hors de la souffrance. Chaque tour se termine à la grosse perle et, sans la franchir, on retourne le mala pour repartir dans l'autre sens. Bien que le mala compte 108 perles, chaque tour est compté pour cent, les huit restantes étant "offertes" pour les éventuelles erreurs commises lors de la récitation.

Les instruments de musique

Presque tous les rituels sont ponctués par des séquences musicales éclatantes où se mêlent, semblant davantage se juxtaposer que s'harmoniser, les sons du ciel et de la terre:
- la vibration sonore des cymbales,
- la frappe cadencée des tambours,
- les vibrations profondes des trompes,
- le cri strident des hautbois,
- l'appel saccadé des cors,
- la longue plainte des conques,
- le son cristallin des cloches.

L'ensemble peut paraître déroutant, si ce n'est discordant. Il répond pourtant à un ordre: les cymbales dirigent la séquence, suivies pas à pas par les tambours; les trompes et les cors se règlent sur leur rythme; les cloches soulignent le tout; les hautbois, il est vrai, suivent un chemin relativement indépendant tandis que l'appel de la conque semble presque perdu au milieu de ce flamboiement de sonorités.

Examinons un par un chacun de ces instruments.

LES CYMBALES, chef d'orchestre incontesté du rituel, se présentent sous deux formes: les *sylnyèn* (cymbales plates) et les *reulmo* (dotées en leur centre d'un renflement important), les secondes rendant un son plus sourd que les premières. L'art des cymbales, qui demande beaucoup de doigté, ne souffre pas de fantaisie, celui qui en joue se conformant strictement à des règles codifiées.

Lors des séquences musicales proprement dites, elles sont tenues verticalement, décrivant parfois d'harmonieuses circonvolutions. Posées sur les genoux, elles servent aussi à maintenir la cadence dans certains types de récitation du texte.

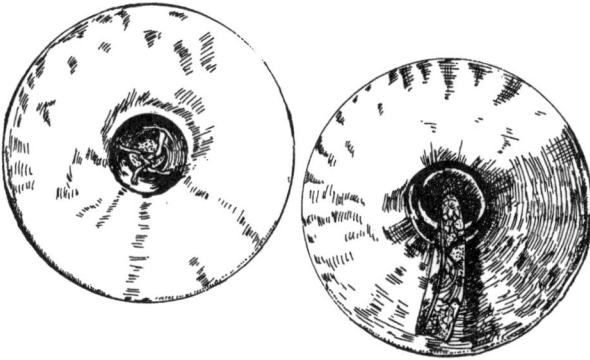

Cymbales sylnyèn

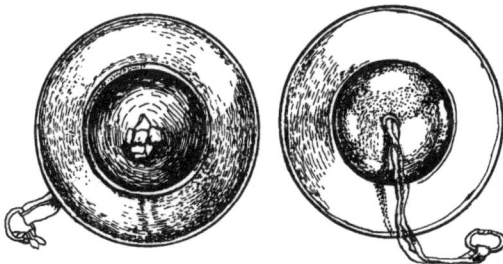

Cymbales reulmo

LES TAMBOURS (tib. *nga*) suivent avec soin autant qu'avec force le rythme des cymbales. Il en existe de plusieurs sortes. Un rituel est normalement accompagné du martèlement d'un ou deux "grands tambours" (*ngatchèn*), pouvant mesurer jusqu'à un mètre de diamètre, fixés à des cadres de bois. Ils sont frappés, en général par de jeunes moines, qui peuvent y mettre toute leur énergie, à l'aide de deux baguettes aux embouts enroulés de tissu. Parfois, nombre d'officiants peuvent utiliser simultané-ment un "tambour manuel" (*lak-nga*), plus petit, doté d'un manche, que l'on frappe d'une seule baguette. La caisse du tam-bour est souvent ornée de motifs représentant des dragons ou dif-férents symboles de bon augure.

On trouve des légendes faisant remonter l'origine du tambour à la nuit des temps. Des récits anciens accordent par ailleurs au tambour manuel des pouvoirs magiques, notamment celui de servir de monture pour voler dans les airs, le faisant ainsi rejoindre, du moins pour cet usage, le tapis d'Aladin ou le balai des sorcières.

Le tambour (nga)

LES TROMPES (tib. *ragdoung* ou *doungtchèn*), qui se jouent par paire, sont probablement les instruments les plus spectaculaires de la panoplie tibétaine, en raison de leur taille (de deux mètres de long à près de quatre mètres!) et de leur sonorité puissante et grave, semblant sortir des entrailles de la terre. Leur nom signifie simplement "conque en airain" ou "grande conque". Etant télescopiques en raison même de leur encombrement, elles restent refermées en dehors des rituels, n'étant déployées que pour les cérémonies.

D'après la tradition, elles auraient été inventées au 11e siècle par le roi Lhatsunpa, régnant sur une province occidentale du Tibet, afin de souligner la grandeur de l'hommage qu'il voulait rendre au grand érudit indien Atisha qu'il avait invité à venir enseigner.

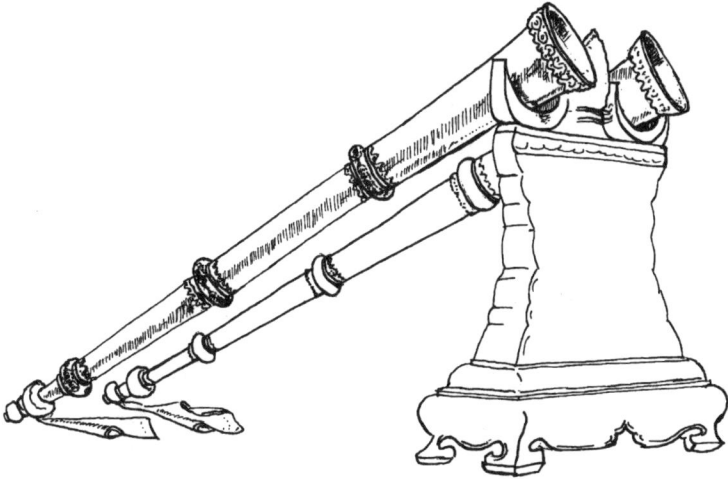

Les trompes (ragdoung)

Ces immenses trompes, très pittoresques, donnent au rituel leurs vibrations profondes et prenantes.

LES HAUTBOIS (tib. *gyaling*), qui se jouent aussi par paire, produisent des sonorités à l'inverse de celles des trompes: claires, aigües, presque stridentes par moments. Ils demandent de la part des exécutants la maîtrise d'une technique particulière, celle du souffle continu, qui leur permet de jouer tout en respirant; ils peuvent ainsi produire des morceaux de plusieurs minutes sans aucune interruption.

Le hautbois tibétain, sans doute d'origine indienne (son nom même signifie "flûte de l'Inde", bien qu'on puisse aussi l'interpréter comme voulant dire "flûte de Chine"), n'a été introduit au Tibet qu'assez tardivement, au 17e siècle, sous le gouvernement du Cinquième Dalaï-Lama.

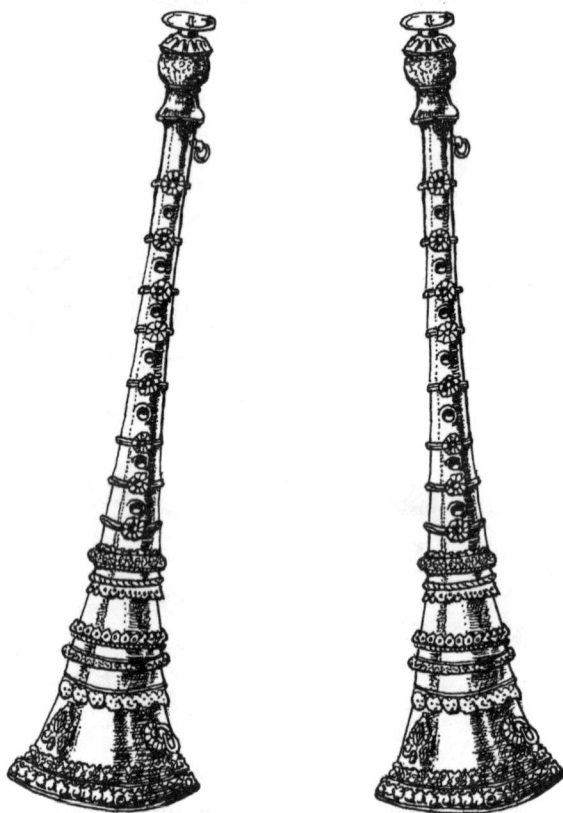

Les hautbois (gyaling)

Se jouant par paire, les hautbois tibétains entonnent
des airs festifs et chantants.

LES CORS (tib. *kangling*), d'origine archaïque, étaient originellement façonnés dans des fémurs humains, ce qui explique
leur nom: "flûte-jambe"; bien que de tels instruments soient toujours utilisés — les ossements symbolisant la mort de l'égo —,
ils sont remplacés, dans les rituels courants, par des équivalents
en métal. Les officiants en jouent par paire, produisant des sonorités longues se terminant par une saccade.

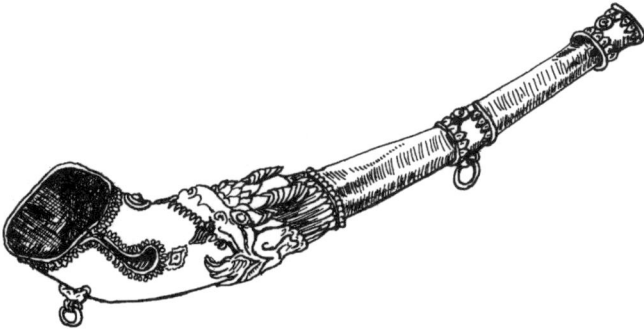

Le cor (kangling)
A l'origine taillé dans un os humain,
il est le plus souvent façonné en métal.

LA CONQUE (tib. *doungkar*) constitue, dans la musique
rituelle, un instrument secondaire — le plus souvent confié à de
tout jeunes moines — dont l'appel lancinant souligne le chant
des autres instruments. Elle peut être utilisée nue ou bien parée
d'une sorte d'aile de métal richement ouvra-
gée. Sans doute en raison de leur rareté,
les conques s'enroulant vers la droite
sont considérées comme particulièrement auspicieuses. On établit
une relation entre le son de la
conque qui se répand au loin et la
propagation de l'enseignement
sacré. C'est ainsi que le dieu
Brahma offrit au Bouddha une
conque s'enroulant vers la droite
pour lui demander de bien vouloir
communiquer son enseignement
aux humains.

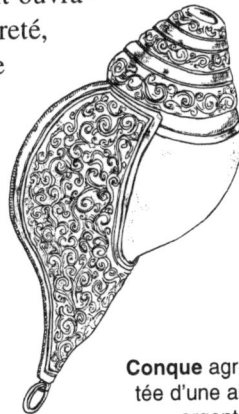

Conque agrémen-
tée d'une aile en
argent.

LE RÔLE DE LA MUSIQUE - La musique rituelle réjouit certainement le cœur des officiants, les revigore et les vivifie. Ce n'est pourtant qu'un aspect secondaire de la fonction qui lui est dévolue. La musique ne va pas de l'homme vers l'homme, mais de l'homme vers les divinités à qui elle est offerte.

Nous avons vu à propos de l'autel ainsi qu'au sujet des moudras, combien la notion d'offrande était importante; c'est encore elle qui justifie la montée rituelle du son vers les divinités. Le jeu des instruments ponctue ainsi différentes phases des rituels: les séquences d'offrandes proprement dites, dont nous avons parlé à propos des moudras, mais aussi "l'invitation" des divinités, ou bien la fin d'une louange ou encore la joie des souhaits auspicieux qui concluent toute cérémonie.

Il est intéressant de noter que les musiques diffèrent sensiblement selon qu'elles s'adressent à des divinités dites "paisibles" ou bien à des divinités "irritées": dans le premier cas, elles expriment davantage l'allégresse et l'harmonie, aussi y verra-t-on les cymbales *sylnyèn* occuper une place prépondérante; dans le second, elles transmettent davantage un sentiment de force et de puissance, ce que souligne fort bien l'usage des cymbales *reulmo*, des longues trompes et des cors.

Non seulement les musiques sont des offrandes adressées aux divinités, mais, selon certaines traditions, elles sont elles-mêmes d'origine divine, transmises aux hommes par de grands méditants. Cette origine redit encore que leur utilisation se veut moins esthétique que spirituellement pratique: rapprocher l'homme de sa propre réalité divine.

Ainsi se termine notre visite du temple. Nous nous y serons sans doute imprégnés d'une certaine présence, peut-être celle d'un lieu qui vibre de toute la foi et de toute la dévotion des moines et des pèlerins qui le fréquentent, ou bien, peut-être, celle d'un courant mystérieux qui nous touche au plus profond de nous-mêmes, comme un rayon qui, pénétrant délicatement en nous, réveillerait des couches jusque-là inexplorées de notre esprit. C'est ce que les Tibétains appellent la "bénédiction" du lieu: une force impalpable dont il est difficile de saisir l'origine, mais dont on est bien obligé de constater qu'elle nous atteint.

C'est dans cette force que le temple trouve sa véritable fonction et c'est par elle qu'il se révèle être un organisme vivant.

LA MISE
EN ŒUVRE

$\mathcal{C}$onstruire un temple et le doter de tout le nécessaire est une œuvre complexe requérant des fonds importants et la participation de nombreux corps de métier, depuis l'architecte jusqu'aux artistes peintres et sculpteurs, en passant par les maçons, les charpentiers et les menuisiers.

Etant donné que les moines n'avaient d'autre travail que celui — regardé par les Tibétains comme le plus important de tous — d'assurer le bien-être spirituel de la société et de maintenir vivant l'enseignement du Bouddha, l'apport financier pour l'édification des bâtiments religieux venait nécessairement des laïcs. Ceux-ci se montraient volontiers fort généreux en la matière, fiers d'apporter leur contribution à l'œuvre divine tout autant que soucieux de se constituer un capital de mérite pour leurs vies futures.

Quant à la mise en œuvre à proprement parler, elle commence, comme nous allons maintenant le voir, par le choix très attentif du terrain et se termine par le travail minutieux des peintres et des sculpteurs.

De l'observation du terrain à la construction

Nous avons vu précédemment (p. 12) les caractéristiques générales du site propre à accueillir un temple. Davantage d'éléments doivent toutefois être observés afin d'être sûr d'écarter les obstacles et de s'assurer des meilleures conditions pour l'harmonie et le bien-être de la communauté monastique.

BONS ET MAUVAIS SIGNES - Nombre de détails du paysage qui pourraient paraître insignifiants revêtent une certaine importance dans l'entourage d'une construction sacrée.

Une source en contre-bas du monastère serait ainsi semblable à une fissure au fond d'un récipient; en surplomb, ses eaux seraient comme des pleurs se répandant; sur la droite ou sur la

gauche, ce sont au contraire comme des coupes d'offrande particulièrement favorables.

Une route au sud-est du monastère est annonciatrice d'amis et
de soutien, alors qu'une route au nord-ouest présage la venue
d'ennemis et de démons.

Un arbre solitaire sur la pente montante ou sur le même niveau
que le monastère se révèle de mauvais augure, alors que situé
plus bas il constitue un pilier de soutien.

Une falaise au lointain sud-est, formant comme l'encoche
d'une flèche, n'est autre que la porte par laquelle entrent toutes
les qualités.

Fort heureusement, les mauvais signes peuvent être contrecar-
rés par des rituels adéquats ou par l'édification de stoupas sur des
points choisis.

UN TERRAIN FAVORABLE - Non seulement le site doit-il être
approprié, encore faut-il que le terrain le soit aussi. Le vérifier ne
peut se faire qu'un jour auspicieux selon les conjonctions astrologiques, en même temps qu'avec l'aide de nombreux rituels. On
procède alors à de curieux examens du terrain. Ayant creusé un
trou à hauteur de genou, on considèrera de bon augure si, lorsqu'on remplit le trou avec la terre extraite, il reste un surplus de
celle-ci. Ou bien encore, après avoir de nouveau creusé un trou
et en avoir lissé les parois, on le remplit d'eau; puis, on s'éloigne
de cent pas. Si, lorsqu'on revient, l'eau s'est maintenue dans le
trou sans s'infiltrer, ce sera regardé comme très favorable.

La présence de buissons épineux, de fourmilières ou de nombreux insectes est aussi à proscrire, tandis qu'on recherchera des
arbres fruitiers, des eaux claires, etc. Une terre blanchâtre et lui-
sante apparaîtra également comme un heureux signe.

PRENDRE POSSESSION DU TERRAIN - Dans l'esprit tibétain, un
terrain appartient à deux propriétaires: son propriétaire humain,
auquel il faut ajouter les divinités telluriques. Au premier rang de
celles-ci vient évidemment la déesse de la Terre elle-même, dont
nous avons vu (p. 60) qu'elle avait joué un rôle important face au
démon dans la nuit de l'illumination du Bouddha. C'est pourquoi
des rituels particuliers lui sont adressés afin de lui demander la
permission de creuser et de construire. De même des offrandes
de matières précieuses et de riz, scellées dans des vases, sont
enfouies dans le sol à destination des esprits qui l'habitent.

Enfin, des cérémonies de protection, dans lesquelles on fait
notamment usage de dagues rituelles (tib. *pourpa*), empêchent

les démons et les esprits nuisibles de venir interférer avec la noble entreprise.

Tout ceci nous semblera d'un autre âge, bien loin de l'orgueil de nos bulldozers et de nos usines à béton. Pour un Tibétain, c'était, et cela reste, pourtant essentiel. Laissons à un maître le soin de souligner davantage encore l'importance de l'examen du site et des procédures propitiatoires:

> "Si l'on ne s'applique pas correctement à l'observation, à l'examen, à la prise de possession et à la pacification du terrain, on aura beau entreprendre la construction, on risque fort d'être confronté aux forces contraires et obscurcissantes." (Thubten Legshay Gyatsho, *Gateway to the Temple*, Katmandou, 1979)

Chapiteau traditionnel

Parmi les arts de la construction des monastères, celui de la scupture sur bois s'exerçait avec une dextérité et une exubérance particulières dans la décoration des chapiteaux et des poutres, les couleurs vives et les habiles dégradés renforçant encore le sentiment de profusion et de richesse de la réalité éveillée que tend à suggérer le temple.

CONSTRUCTION - La construction à proprement parler, sur les détails techniques de laquelle nous ne pouvons pas entrer ici, requérait une grande maîtrise de l'art du pisé, des piliers et de la charpente. En effet, les monastères, s'ils peuvent être de taille modeste, sont souvent constitués de masses architecturales imposantes et complexes. Malgré des moyens rudimentaires, les constructeurs ont réussi à dresser des bâtiments majestueux d'une extrême solidité, dont même les canons chinois ont eu du mal à venir tristement à bout. Ils ont aussi su créer une tradition d'harmonie dégageant, grâce à un ancrage dans l'horizontal, un sentiment de profonde stabilité, comme s'ils avaient voulu souligner la force rassurante de la présence spirituelle.

> "Dans toutes les constructions, le lien profond à la terre se traduit par un centre de gravité très bas; en même temps, ce lourd poids sur le sol est souligné par les contreforts de murs porteurs obliques ou des éléments coniques aux portes et fenêtres.
> Si fenêtres, portes et loggias présentent un certain nombre de structures verticales, l'architecture des monastères est dominée par les lignes horizontales, avec le toit plat et l'attique marqué par des bandes rouille." (Manfred Gerner, *Architecture de l'Himalaya*, Lausanne, 1988)

L'art des statues

L'art des statues, au Tibet, connut un essor extraordinaire en raison même du nombre de monastères qui en créait le besoin. En métal ou en terre, petites ou monumentales, recouvertes d'or et de pierres précieuses, elles rayonnaient d'un éclat bienveillant au cœur de chaque sanctuaire. La tempête chinoise s'est déchaînée avec une incroyable violence sur ces trésors sacrés qui, ne serait-ce que d'un point de vue culturel et artistique, constituaient un patrimoine unique. Selon certaines estimations, sur les 6000 monastères du Tibet, 13 seulement furent épargnés par la furie destructrice des doctrinaires de Péking, venus "libérer le peuple tibétain de l'ignorance et de l'obscurantisme". Non seulement les monastères furent abattus, mais les statues furent détruites, celles qui étaient en métal étant conduites vers des fonderies. On cite l'une de celles-ci qui eut à traiter pas moins de 570 tonnes de statues!

La légende rapporte que LES PREMIÈRES STATUES DU BOUDDHA furent sculptées de son vivant même.

Selon un certain récit, un laïc, Sudata, offrit un jour un repas à la communauté des moines ainsi qu'au Bouddha lui-même. Or, celui-ci ne put répondre à l'invitation. Pour combler, au moins partiellement, le vide laissé par son absence, Sudata lui demanda la permission de faire sculpter une statue à sa ressemblance, qui servirait aussi pour d'autres occasions à venir. La permission fut accordée et l'œuvre exécutée.

Un autre épisode se réfère à la période où le Bouddha était monté dans le monde divin dit "Ciel des Trente-trois" afin d'y délivrer des enseignements à sa mère décédée qui y avait repris naissance. Là encore, l'absence physique du maître parut insupportable à certains disciples. L'un d'entre eux, le roi de Jyotimath, demanda à Maudgalyayana l'autorisation de faire exécuter une statue en bois de santal. Celui-ci donna son approbation et plusieurs artistes furent miraculeusement envoyés dans le monde des dieux pour prendre les mesures exactes du Bouddha. De retour sur terre, ils accomplirent leur œuvre sous la forme d'une réplique grandeur nature. Il est dit que lorsque le Bouddha redescendit dans le monde des humains, la statue s'anima et fit six pas dans sa direction pour l'accueillir.

LES DEUX STATUES LES PLUS CÉLÈBRES DU TIBET, celles qu'apportèrent dans leur dot la princesse népalaise Brikuti (Tritsun) et la princesse chinoise Wencheng lorsqu'elles épousèrent, au 7e siècle de notre ère, le roi Songtsèn Gampo, remonteraient elles aussi au vivant du Bouddha.

Selon la légende, le Bouddha, sachant sa mort prochaine, aurait lui-même émis l'idée que soit faite une statue de lui pour le bien des fidèles à venir. La tâche ne fut pas entreprise par des hommes, mais par trois ouvriers divins. Chacun décida de représenter un des trois "Corps du Bouddha".

Le premier, afin de symboliser le Corps Absolu (sct. *dharmakaya*), c'est-à-dire la dimension ultime, non-manifestée, conscience pure du Bouddha, réalisa un stoupa.

Le deuxième, incarna le Corps de Gloire (sct. *sambhogakaya*), à savoir un degré de manifestation très subtil du Bouddha, visible seulement par des êtres très élevés spirituellement, dans une statue façonnée à partir de joyaux fournis par des *nagas*. Les nagas étant des esprits habitant les eaux, la statue fut placée au fond des mers afin qu'ils puissent la vénérer.

Le troisième dieu sculpteur eut pour rôle de représenter le Corps d'Emanation (sct. *nirmanakaya*), le Bouddha sous sa forme terrestre. Il réalisa ainsi trois statues, figurant Shakyamouni à l'âge de huit ans, de douze ans et de vingt-cinq ans. Les statues, consacrées par le Bouddha lui-même, furent d'abord conservées dans le monde des dieux. La plus grande y resta, tandis que les deux autres finirent par aboutir à Bodhgaya, en Inde, lieu de l'Illumination du Bouddha.

A l'époque du roi indien Devapala, contemporain des pères des princesses destinées à épouser le roi Songtsèn Gampo, la statue des douze ans fut emportée en Chine et celle des huit ans au Népal.

Ce sont ces deux mêmes statues qui, par l'intermédiaire des princesses, finirent leur pérégrination à Lhassa. Le célèbre temple du Jokhang fut construit pour abriter la statue venue du Népal. Celle qu'offrit la princesse chinoise, le fameux Jowo, fut d'abord installée dans le temple de Ramotché. Elle n'y resta que quelques dizaines d'années, la rumeur d'une guerre ayant conduit, pour des raisons de sécurité, à la cacher dans le Jokhang.

Au début du 8e siècle, une autre princesse chinoise, Jincheng, épousa de nouveau un roi du Tibet, Tridé Tsouktèn. La princesse fit sortir de sa cachette la statue du Jowo afin de lui donner la place d'honneur dans le Jokhang où elle est restée, jusqu'à nos jours, l'objet d'une intense ferveur de la part des fidèles. La statue représentant le Bouddha à l'âge de huit ans, apportée par Brikuti, fut alors transférée au Ramotché.

Remarquons que les Tibétains, à l'encontre des Chinois et des Japonais, qui ont privilégié le bois et la pierre, et des Indiens du nord, qui se sont montrés les artistes du stuc, ont opté pour le métal et plus encore, sous l'influence du Cachemire, se sont rendus maîtres dans l'art de travailler l'argile. C'est cependant dans LA DÉCORATION, flamboyante à souhait, que les statues tibétaines se révèlent très caractéristiques et se distinguent nettement des œuvres des pays bouddhistes voisins.

Au regard des Tibétains, les statues des temples ne sauraient être correctement honorées sans une parure somptueuse: au moins des peintures de couleurs vives, au mieux de riches couches d'or. Le plus souvent, la peinture couleur d'or est utilisée pour le corps tandis que le visage seul est effectivement recouvert d'or, les yeux et la bouche étant finement peints sur le métal précieux. Quant aux cheveux, ils sont bleu foncé, reproduisant par là la teinte de la chevelure du Bouddha, ou bien rouge orangé s'il s'agit de divinités farouches.

L'adjonction d'une abondance de pierres semi-précieuses dans la couronne et les joyaux des divinités est une autre particularité tibétaine. En signe d'offrande et de détachement, les plus belles substances du monde matériel sont consacrées au monde spirituel: la turquoise, le lapis-lazuli, l'agate, le cristal de roche, l'opale, la cornaline, etc., rehaussent la splendeur des Bouddhas et de leurs émanations afin de souligner l'éclat des qualités de leur esprit.

Pour LA FABRICATION des statues de grande taille, souvent supérieures à la taille humaine, les artisans tibétains pouvaient avoir recours au métal ou à l'argile, tout en privilégiant cette dernière, bien adaptée au climat des hauts plateaux. Les œuvres en terre n'étaient en effet pas cuites, la pureté et la sécheresse de l'air étant suffisantes pour assurer très facilement leur conservation à long terme. L'argile n'était pas utilisée seule, mais mélangée, à l'aide de vigoureux coups de maillets, à du papier tibétain, très résistant et très fibreux. Pour les statues les plus grandes, on construisait d'abord une infrastructure en pierre — de nos jours en briques — sur laquelle étaient ensuite disposées plusieurs couches d'argile, de plus en plus fines.

Autant pour les statues de terre que pour celles réalisées en métal fondu, certaines parties du corps — la tête, les bras — étaient travaillées séparément et ajustées ensuite au reste du corps.

L'INTÉRIEUR DES STATUES, surtout si elles sont de très grande taille, recèle de véritables trésors spirituels qui leur donnent toute leur puissance.

Le socle et la partie basse de la statue servent de réceptacle principal aux différents objets dont on la remplit. Ceux-ci sont de nature variée: des jarres pleines de substances médicinales consacrées, de multiples figurines coniques en argile moulée (tib. *tsa-tsa*), un grand nombre de rouleaux de papier, safranés et liés par des fils de cinq couleurs, sur lesquels sont imprimés les mantras sacrés, etc. Les très grandes statues peuvent contenir jusqu'aux 108 volumes du *Kangyour*, le canon tibétain des paroles du Bouddha. Parfois, on inclut aussi dans le cœur d'une grande

tsa-tsa

statue, une autre, de petite taille, réputée particulièrement sacrée en raison de son antiquité ou de son appartenance passée à des personnages remarquables.

Dans l'axe de la statue est dressé un mât de bois, appelé "l'arbre de vie", symbolisant le canal central du corps humain dans lequel circule la force spirituelle. Il doit être taillé dans un arbre à feuilles persistantes, si possible du santal ou du genévrier, rendus plus précieux par le parfum qu'ils dégagent. Peint en rouge, il est recouvert de mantras, différents selon qu'ils se situent au niveau de la tête, de la gorge ou du cœur de la divinité.

Nous avons vu que l'on compte au premier rang des STATUES CÉLÈBRES au Tibet, les deux statues du Bouddha apportées dans leurs bagages par les princesses népalaise et chinoise qui vinrent épouser le roi Songtsèn Gampo.

Parmi les rares statues remarquables ayant échappé aux destructions de la Révolution Culturelle, il faut mentionner celle de Maitreya, le Bouddha à venir, qui fut construite au début du siècle au monastère des Panchèn-Lamas, Tashi Lhunpo, dans la ville de Shigatsé, à l'ouest de Lhassa. Ses dimensions colossales sont impressionnantes: 26 mètres de haut, des oreilles longues de 2,60 m et des doigts de 1,20 m. Son poids ne laisse pas moins rêveur: 150 tonnes de cuivre et 300 kg d'or…

La taille d'une telle œuvre, équivalente à plusieurs étages d'un bâtiment et paraissant quasi disproportionnée par rapport au temple qui l'abrite, désoriente parfois le voyageur au Tibet. Ce gigantisme se justifie cependant, aux yeux des Tibétains, par deux raisons (si l'on veut bien admettre qu'il ne s'agit pas de célébrer la grandeur du monastère): il permet, en premier lieu, par la quantité de travail, d'efforts et de richesses impliqués, d'accumuler beaucoup de mérite; en second lieu, il souligne au regard des fidèles la notion de grandeur divine.

Une autre œuvre particulièrement vénérée des Tibétains (celle-ci, malheureusement, n'échappa pas à la furie iconoclaste de l'invasion chinoise) était une statue du Bouddha se trouvant au monastère du Karmapa, Tsourpou, non loin de la capitale. Connue sous le nom de "Le Grand Sage Ornement du Monde", mesurant 15 mètres de haut, elle fut édifiée au 13e siècle, à l'initiative de Karma Pakshi, le deuxième Karmapa.

Il est dit que c'est à la suite d'une vision dans un rêve que Karma Pakshi décida de la construction de la statue. En raison de nombreuses tribulations dues à l'inimitié de princes mongols, il ne put mettre son projet à exécution que bien des années plus tard. Quand la représentation du Bouddha fut achevée, après trois ans de travail, il se trouva que, à cause d'un défaut de construction, elle penchait d'un côté. Le Karmapa se mit alors en méditation, inclinant son corps de manière semblable. Il se redressa ensuite doucement, et la statue se redressa en même temps que lui.

Les troupes chinoises s'y reprirent à plusieurs fois pour la détruire, la faisant finalement exploser à l'aide d'une importante charge de dynamite. Dans les années qui suivirent, de pieux fidèles retrouvèrent çà et là des fragments de métal et des morceaux de reliques qu'elle contenait.

L'art des peintures

Les peintures autant que les statues donnent vie au temple, le couvrant de son habit de couleurs, multipliant les figures sacrées avec lesquelles le visiteur peut entreprendre un long dialogue du regard. L'art pictural était très développé dans la tradition monastique tibétaine, qui ne semble pas avoir supporté l'idée d'un mur nu. On en retrace l'origine jusqu'à la nuit des temps.

LE PREMIER DESSIN JAMAIS EXÉCUTÉ remonterait à l'époque très ancienne où, selon les données exposées par la cosmologie traditionnelle, la durée de la vie humaine était encore de cent mille ans... Sur une partie de la Terre, régnait le roi "Vainqueur de la Peur", fort bon et fort sage, qui assurait le bonheur de ses sujets. Il arriva cependant qu'un brahmane perde son fils. Fou de désespoir, il en fit grand reproche au roi et lui dit que, s'il n'était pas capable de lui rendre son fils chéri, lui-même se suiciderait.

Le roi, ému et compatissant, mena le brahmane jusque dans le royaume des morts afin de supplier Yama, le maître des lieux, de rendre l'enfant. Yama répliqua qu'il n'y pouvait rien, que la force de vie du jeune brahmane s'était épuisée, qu'il n'était pas de son ressort de le ramener à l'existence terrestre. Vainqueur de la Peur ne l'entendit pas de cette oreille; le ton monta, une dispute éclata qui se transforma bientôt en guerre entre roi des hommes et roi des morts.

Le dieu Brahma dut intervenir pour ramener la paix. Il reconnut que, lorsque le karma ayant produit une vie était épuisé, il n'était pas possible que celle-ci se poursuive; Yama ne pouvait donc être blâmé. Il comprit aussi la douleur du père et le soutien du roi. Aussi ordonna-t-il à ce dernier d'exécuter un dessin à la ressemblance du jeune brahmane. Lui ayant enseigné l'art de le faire, il consacra l'œuvre, qui prit vie et fut remise au père.

Brahma affirma alors la primauté de l'art pictural en déclarant au roi: "Tous les arts dépendent de l'art du dessin".

Revenons à une époque plus familière. Que nous dit l'histoire (ou la légende) des PREMIÈRES REPRÉSENTATIONS DU BOUDDHA? Elles dateraient, selon la tradition, de son vivant même, deux portraits ayant alors été exécutés.

Le premier nous fait remonter aux relations établies entre deux rois de l'époque, Bimbisara, roi de Rajagriha et Utayana, roi de Rauruka.

Des marchands de Rajagriha offrirent un jour des présents au roi Utayana afin de solliciter ses faveurs pour leur commerce. Celui-ci les accepta volontiers, s'enquit du pays d'où ils venaient et de leur roi. Désireux d'entrer en amitié avec celui-ci, il leur confia un coffret de pierres précieuses à son intention.

Bimbisara, ravi du cadeau et voulant ne pas être en reste, fit parvenir à Utayana une malle emplie de somptueux vêtements. L'amitié grandissant entre les deux royaumes, le roi de Rauruka songea à un cadeau encore plus magnifique: son armure brillante comme de l'or, rehaussée de joyaux issus du monde des dieux.

Bimbisara resta perplexe sur ce qu'il pouvait désormais offrir pour surpasser un présent d'une telle valeur. Un de ses ministres avisé lui fit remarquer que la chose la plus précieuse au monde était le Bouddha et qu'un portait de lui, ce qui n'avait jamais été fait, constituerait un cadeau d'une insurpassable grandeur.

Bimbisara se rendit donc auprès du Bouddha pour lui demander l'autorisation de faire exécuter une telle œuvre. Le Bouddha accepta, demandant que la peinture contienne aussi la représentation des douze causes interdépendantes ainsi que l'inscription de quelques préceptes.

Une difficulté imprévue arrêta vite l'artiste dans son travail: la majesté et l'éclat du Bouddha étaient tels qu'il ne pouvait fixer sur lui son regard. Le Bouddha le mena alors jusqu'à un bassin voisin et lui dit de peindre d'après le reflet sur l'eau. Ce qui fut fait. Aussi ce portrait fut-il nommé par la tradition "Pris de l'Eau".

Un second portait du Bouddha aurait été exécuté de son vivant, alors qu'il enseignait à Kapilavastu. La reine du lieu confia à sa servante Rohita un collier de pierres précieuses qu'elle devait porter au Bouddha. En route, elle fut attaquée et tuée. Rohita reprit naissance comme fille du roi de Sri Lanka.

Devenue jeune fille, elle entendit parler des enseignements du Bouddha et, en raison des connexions de sa vie passée, conçut aussitôt une immense dévotion envers lui. Aussi lui expédia-t-elle une lettre accompagnée de perles dans laquelle elle priait le sage de lui faire parvenir un portrait de lui.

Le Bouddha accepta de répondre à sa demande. Cependant, là encore, l'artiste ne put réaliser son œuvre directement d'après le modèle. Il dessina cette fois-ci les contours en se référant aux rayons de lumière émis par le corps du Bouddha et projetés sur un tissu. Ce portrait fut donc appelé "Pris des Rayons".

Au Tibet, le développement de l'art pictural correspond à l'introduction du bouddhisme, au 7ᵉ et 8ᵉ siècles, et à son cortège de divinités. Il est donc naturel que les peintures aient été tout d'abord de style indien. Elles furent plus tard influencées par les artistes du Cachemire, du Népal et de la Chine pour aboutir à un style typiquement tibétain.

Différentes écoles se sont développées au Tibet même, se distinguant moins par le traitement des personnages divins, dont la représentation est strictement codifiée, que par celui du paysage, du ciel ou de certains détails du décor.

L'art pictural sacré s'est développé de manière similaire sur deux supports: les murs des temples et les THANGKAS. Une thangka est une peinture sur tissu, entouré d'un brocart, que l'on peut rouler ("thangka" signifie "rouleau") afin de la ranger ou de la transporter. Ce sont des œuvres d'une grande précision et d'une grande minutie, souvent très belles, répondant à des canons fixes, laissant beaucoup de place à l'habileté et à la délicatesse, mais pratiquement pas à l'imagination. Le peintre, dans cet art, ne cherche nullement à exprimer sa sensibilité ni à faire preuve d'originalité; il veut simplement donner le meilleur de lui-même pour représenter de la manière la plus fidèle et la plus vivante possible les émanations de la réalité éveillée que sont les bouddhas et les divinités. Il est davantage artisan au sens le plus noble du terme qu'artiste dans sa signification contemporaine.

Nathalie Gyatso, une artiste française qui a su apprendre et comprendre l'art de thangkas, résume très bien le contexte dans lequel travaille le peintre tibétain:

> "La peinture de thangkas est une sorte de dramaturgie, un rituel. Et comme tout rituel, elle ne peut se fonder que sur la répétition.
>
> Cette perpétuation des proportions, des couleurs, des

attributs conventionnels, est avant tout l'expression d'un respect scrupuleux de la Parole du Bouddha qui les aurait lui-même spécifiés." (Nathalie Gyatso, *Vers l'Art Sacré du Tibet*, Vernègues, 1994)

Exécuter une thangka est un travail minutieux qui doit être accompli dans une atmosphère de dévotion et de recueillement. Le peintre prépare d'abord sa toile de coton tendue sur un cadre de bois en l'enduisant à plusieurs reprises d'un mélange de colle animale et de poudre de craie et en la ponçant à chaque fois. Puis, il trace au dos de la toile les diagonales et les axes de symétrie. Sur la toile, il trace ensuite le quadrillage qui lui assurera de donner au dessin les proportions exactes exigées par les canons et exécute les lignes du dessin. Enfin, il applique les couleurs — des pigments naturels qu'il a préparés lui-même — en commençant par le paysage et en finissant par le visage des divinités.

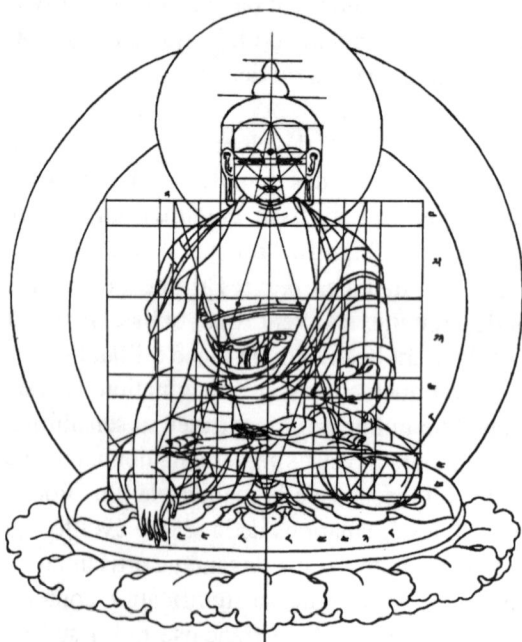

Quadrillage

Les peintres de thangkas effectuent ce travail préliminaire afin de pouvoir respecter exactement les canons.

Lorsque l'œuvre est terminée, elle est montée sur un cadre de brocart de soie orné de motifs décoratifs complexes, afin de lui donner toute sa valeur et tout son éclat. Là encore, des proportions doivent être respectées: le bas du brocart doit, théoriquement, mesurer la moitié de la taille de la thangka, le haut un quart et les côtés un huitième. Un lourd bâton de bois est enfilé au pied du brocart pour que l'œuvre, une fois accrochée au mur, reste bien tendue.

Enfin, comme il se doit pour tout objet religieux, la thangka doit être consacrée. Une consécration complète comprend un rituel accompli par un lama ainsi que l'inscription, au dos de la toile, de trois syllabes sacrées:
- OM, au niveau du front, représentant le corps de la divinité,
- AH, au niveau de la gorge, représentant sa parole,
- HOUNG, au niveau du cœur, représentant son esprit.

OM

AH

HOUNG

Les trois syllabes symboliques représentant le corps, la parole et l'esprit éveillé du Bouddha et des divinités qui en sont des émanations.

Thangka montée

REGARD SUR
L'HISTOIRE

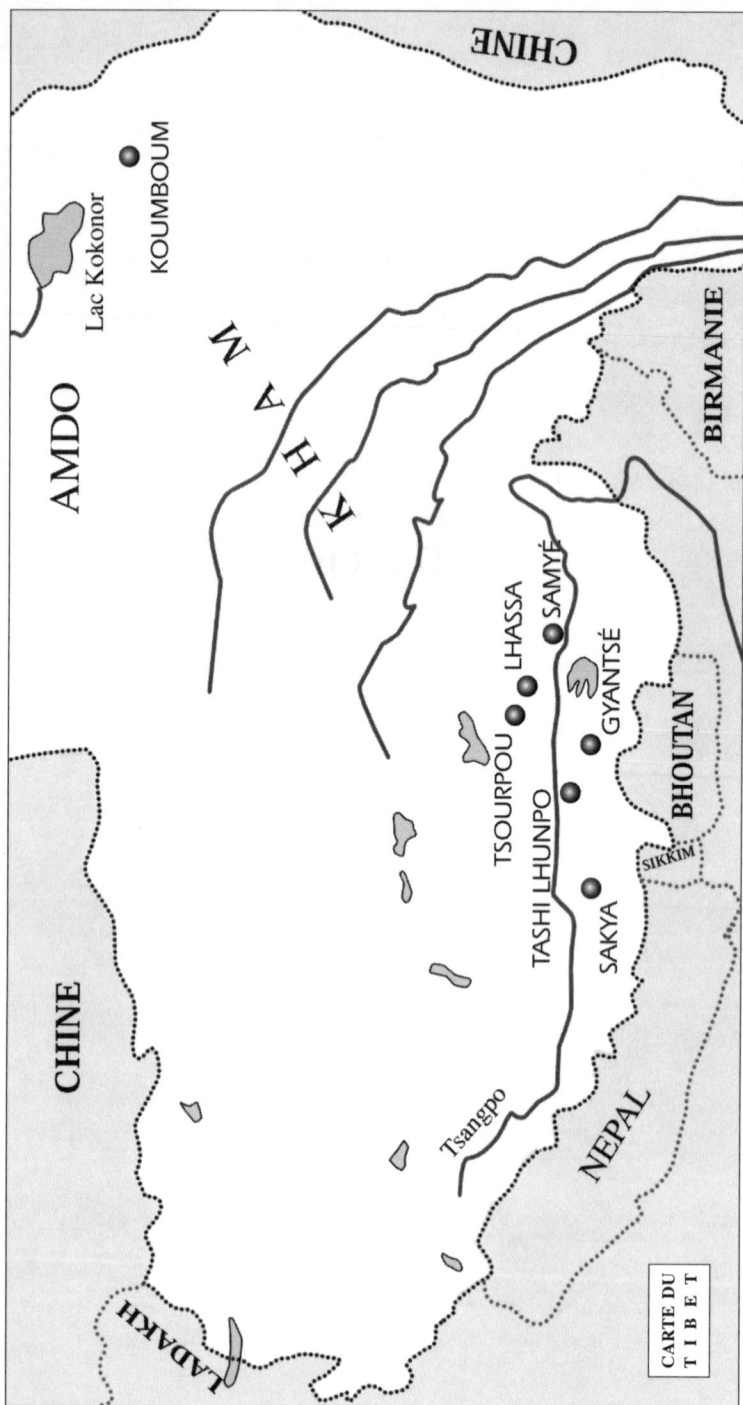

CARTE DU
TIBET

CHINE

AMDO

Lac Kokonor

KOUMBOUM

KHAM

CHINE

LADAKH

Tsangpo

TSOURPOU

LHASSA

SAMYÉ

GYANTSÉ

TASHI LHUNPO

SAKYA

NEPAL

SIKKIM

BHOUTAN

BIRMANIE

*D*es milliers de temples, de monastères et de chapelles constellaient la terre du Tibet et il faudrait des milliers de pages pour en raconter l'histoire. Choisir les plus grands nous entraînerait encore à parler de dizaines d'institutions, ce qui déborderait largement le cadre de cet ouvrage. Reste donc les plus célèbres, ceux dont les Occidentaux s'intéressant au Tibet auront sans doute croisé le nom à plusieurs reprises. C'est à eux, sans autre grande logique, que sera consacré ce chapitre. Nous y intégrerons aussi une section consacrée aux quelques temples tibétains construits en France lors de ces vingt dernières années.

Il est nécessaire, cependant, d'ouvrir ces pages par une remarque précisant la perception des faits historiques que peuvent avoir les Tibétains, comparée à l'idée que nous nous en faisons. Notre esprit, habitué à la pensée logique et à la précision scientifique, aime que l'histoire des peuples et de ses personnages remarquables s'inscrive dans une rationalité qui sépare nettement la vérité des faits de l'embellissement de la légende. La pensée tibétaine fonctionne différemment: on ne saurait, selon elle, tracer une frontière trop définie entre les événements avérés et les élans du merveilleux. Ceci pour la simple raison que la réalité ne peut se limiter à ce que perçoivent nos sens: bien des choses peuvent se produire sur d'autres plans que celui de notre perception ordinaire. Les êtres supérieurs, qui ne sont pas affligés des mêmes limitations que nous, peuvent, quant à eux, non seulement accéder à ses autres plans, mais aussi y déployer leur action. Aussi ne sera-t-on pas étonné de rencontrer dans l'histoire telle que la content les Tibétains des faits difficiles à admettre par nos cerveaux pétris de certitudes rationnelles.

Il reste à chacun d'entre nous de décider comment nous voulons entrer dans cette histoire: peut-être n'y verrons-nous qu'un amas de superstitions, peut-être y goûterons-nous le parfum poético-épique de la légende, peut-être serons-nous tentés d'y rechercher un profond symbolisme; à moins que nous n'acceptions de nous ouvrir à un possible plus vaste que nos certitudes matérielles.

Parmi les sanctuaires retenus, nous verrons tout d'abord le Jokhang de Lhassa, premier des grands temples, puis Samyé premier des monastères, Gandèn, Drépoung et Séra que leur gigantisme et leur proximité de Lhassa ont rendu célèbres, Sakya, le plus riche des monastères du Tibet, Tsourpou, siège des Karmapas, Koumboum, le célèbre monastère de l'Amdo, Tashi Lhunpo, siège des Panchèn-Lamas, enfin le joyau architectural de Gyantsé.

Nous ne parlerons pas ici du Potala, qui fut plus un palais qu'un temple.

Le Jokhang, cathédrale de Lhassa

Parfois baptisé "cathédrale de Lhassa", cœur de la capitale tibétaine, le Jokhang est, sans conteste, le lieu de pèlerinage de prédilection des Tibétains.

Premier grand sanctuaire construit au Tibet, il fut entrepris par le roi Songtsèn Gampo, au milieu du 7ᵉ siècle de notre ère, afin de donner une demeure digne d'elle à la statue du Bouddha apportée dans sa dot par la princesse népalaise Brikuti, statue qui fut ensuite remplacée par celle apportée par le princesse chinoise Wencheng (p. 122). La statue s'appelant "Jo-wo", "Seigneur", le temple fut naturellement connu sous le nom de "Jo-khang", "Maison du Seigneur".

LES CHÈVRES ET LE LAC - La tradition raconte que le roi, hésitant sur le lieu convenant à l'édification du temple, jeta la bague de la princesse népalaise en faisant le souhait qu'elle désigne l'emplacement. La bague retomba dans un lac. Le roi n'en accepta pas moins l'indication et fit entreprendre les travaux sur le plan d'eau. Une première tentative, consistant à établir des fondations à l'aide de madriers, échoua. Les maîtres d'œuvre se tournèrent alors vers une autre technique: combler le lac par de la terre transportée à dos de chèvres. Ce gros œuvre titanesque méritera par la suite au temple d'être baptisé "Rasa Trulnang Tsouklhakang", ce qui signifie: "Sanctuaire du Miracle de la Terre des Chèvres". Certains veulent même que la ville de "Lha-sa" (Terre des Dieux) se soit tout d'abord appelée "Ra-sa" (Terre des Chèvres).

Grâce à ces fondations, on put ainsi commencer l'édifice. Les ouvriers furent cependant rapidement confrontés à des difficultés étranges: les travaux du jour s'écroulaient la nuit. On en vint vite à la conclusion qu'on avait affaire à des influences maléfiques. Deux légendes se partagent sur leur origine.

LA DÉMONE IMMOBILISÉE - Selon la première légende, le roi Songtsèn Gampo et ses deux épouses adressèrent des prières à Avalokiteshvara (p. 69) afin qu'il les éclaire. Ils eurent alors la révélation que le Tibet reposait sur une gigantesque démone, dont la tête était à l'est et les pieds à l'ouest, qui se trouvait incommodée par les constructions nouvelles. Il fallait, pour la maîtriser, établir à douze endroits précis autour de Lhassa des chapelles et placer des statues qui, à la manière de pieux plantés aux endroits critiques, permettraient de l'immobiliser.

Le roi ordonna donc la construction de douze sanctuaires disposés sur trois carrés de plus en plus grands, ayant Lhassa pour centre, chacun correspondant à un membre de la démone à immobiliser:
- deux pour les hanches,
- deux pour les épaules,
- deux pour les genoux,
- deux pour les coudes,
- deux pour les pieds,
- deux pour les mains.

Après quoi les travaux du Jokhang purent être menés à terme sans autre difficulté majeure.

LE TRANSVASEMENT DU LAC - La seconde légende veut que le roi Songtsèn Gampo, fort dubitatif face aux mystérieuses destructions que subissaient les travaux, ait consulté un oracle qui ne lui donna qu'un bien maigre indice: la clé du problème serait détenue par un vieillard vivant quelque part dans l'est.

Le roi dépêcha nombre de messagers avec pour mission de découvrir le vieil homme. Ils revenaient, un par un, sans résultat.

Le hasard, cependant, seconda fortement l'un d'entre eux, un lama dont la mission semblait devoir se terminer de manière tout aussi infructueuse que les autres. Alors que, dépité, il retournait vers Lhassa, une sangle de son harnais se rompit. L'habitation la plus proche qu'il put trouver pour demander de l'aide était une cabane en bordure d'un point d'eau où vivait un vieil aveugle. Le vieil homme indiqua au lama un coin de la pièce où il trouverait une sangle de rechange.

Voulant garder le secret de sa mission, l'envoyé du roi se fit passer pour un lama des provinces orientales en cours de pèlerinage. Le vieillard s'en réjouit, avouant que lui-même considérait l'est bien supérieur à l'ouest; n'avait-il d'ailleurs pas entendu dire que ces nigauds de Lhassa s'efforçaient de construire un temple. Lui savait bien qu'ils n'y parviendraient pas, car ils ignoraient l'existence d'un immense lac souterrain qui interdisait la construction.

A peine avait-il prononcé ces mots qu'il pensa en avoir trop dit. Aussi fit-il promettre au lama de n'en rien révéler à personne, car une ancienne prophétie voulait que, si par malheur un lama de l'est prenait connaissance de ce secret, les eaux du lac souterrain viendraient se déverser dans le petit lac en bordure de sa cabane, un long canal invisible reliant les deux points d'eau.

Pour le vieillard, la province de Lhassa était bien, hélas, à l'ouest. Son imprudence venait de le trahir. Ce qui devait arriver arriva: les habitants de Lhassa sentirent pendant un long moment d'inhabituelles et profondes secousses dans le ventre de la terre; peu de temps après, la petite étendue d'eau au bord de la cabane commença à grandir démesurément jusqu'à devenir l'immense lac Kokonor dans l'Amdo, aux confins de la Chine, bien loin au nord-est de Lhassa. Ainsi le Jokhang put-il être construit.

L'architecture originale de la construction fut calquée, dit-on, sur celle de l'université indienne de Vikramashila. Le temple ne comprenait tout d'abord qu'un niveau, deux autres lui furent adjoints par la suite. Il subit de multiples rénovations et transformations pour aboutir à l'actuel dédale de chapelles dans lesquelles les pèlerins se bousculent pour demander la bénédiction des divinités et déverser leurs offrandes.

L'obscurité des lieux que n'éclaire que la lumière chaude et mouvante des lampes à beurre, la majesté et l'éclat des statues rehaussées d'or et de pierreries, la ferveur simple et profonde des Tibétains font du Jokhang un de ces endroits hors du temps où le sacré se ressent presque physiquement; même les touristes y deviennent peu ou prou des pélerins.

Samyé, le premier monastère

Si le Jokhang fut le premier temple bouddhiste construit au Tibet, Samyé fut, quant à lui, le premier monastère. Nous avons vu (p. 51) comment le projet fut lancé par le roi Trisong Détsèn, qui, au 8ᵉ siècle de notre ère, décida de faire du bouddhisme la religion officielle de son pays. Le premier mandaté pour cette tâche, Shantarakshita, abbé de l'université indienne de Nalanda, ne put complètement la mener à bien, confronté aux tenants de l'antique tradition bœun ainsi qu'aux démons locaux. Ceux-ci, notamment, réduisaient à néant les efforts de construction de Samyé grâce à de constants tremblements de terre.

L'AIDE DES DIEUX ET DES DÉMONS - Seul un grand maître tantrique, possédant le pouvoir d'agir sur la manifestation, pouvait combattre ces forces hostiles. C'est pourquoi Trisong Détsèn fit venir de l'Inde Padmasambhava, réputé pour l'incomparable puissance accompagnant sa profonde sagesse.

Padmasambhava exerça donc ses pouvoirs au Tibet, convainquant, par la menace si nécessaire, les esprits et les démons locaux de se ranger aux vues du bouddhisme et d'en devenir les protecteurs.

Aussi le monastère de Samyé est-il regardé comme une œuvre à la fois humaine et non-humaine. Diverses divinités locales se chargèrent en effet d'apporter des montagnes et des vallées voisines les pierres nécessaires au chantier. De plus, lorsque les hommes dormaient, elles prenaient le relais et poursuivaient la construction. Le travail effectué la nuit par les dieux et les démons fut regardé comme plus important que celui accompli par les hommes durant la journée. Demeurant en méditation, Padmasambhava dirigeait lui-même, par la pensée, l'activité de ses ouvriers non-humains.

Lorsque les murs furent achevés, les maîtres charpentiers, venus du Népal, se trouvèrent très rapidement à court de bois. Le problème fut cette fois résolu par l'intervention des *nagas* (esprits des eaux et du sous-sol) qui firent miraculeusement échouer tout le bois nécessaire sur la berge du fleuve Tsangpo, non loin du site du monastère.

Au total, la construction prit cinq ans.

LA CONSÉCRATION fut accomplie par Padmasambhava et Shantarakshita, en présence de tous les habitants de la région qui avaient, pour l'occasion, revêtus leurs plus beaux atours.

Les statues, destinées à jouer un rôle important au cours de la cérémonie, avaient été exécutées par des artistes népalais qui, toutefois, avaient choisi pour modèles des visages les plus beaux jeunes gens et les plus belles jeunes filles des alentours.

Le premier jour de la consécration, Padmasambhava s'assit en méditation et, bientôt, les statues du premier niveau sortirent du temple, effectuèrent trois circumambulations, puis allèrent se placer à l'est, attendant la fin du rituel pour réintégrer leur place. Le deuxième jour, les statues du deuxième niveau agirent de même et, le troisième jour, celles du troisième niveau.

L'ensemble du rituel fut exécuté huit fois, à la suite de quoi le monastère fut déclaré entièrement consacré.

LE TEMPLE DE L'UNIVERS - Architecturalement, il est dit que le temple d'Oddantapuri, dans la province indienne du Magadha (aujourd'hui Sharif, dans le Bihar, entre Patna et Rajgir), servit de modèle à Samyé. Selon la tradition, toutefois, les trois niveaux du temple principal correspondraient à trois styles différents:
- le niveau inférieur au style tibétain,
- le niveau moyen au style chinois,
- le niveau supérieur au style indien.

Le monastère de Samyé ne se limite pas à un seul temple, mais regroupe un vaste complexe architectural qui tend à reproduire la structure de l'univers. Comme nous l'avons déjà expliqué (p. 88), la cosmologie indienne antique concevait le monde comme un assemblage de quatre continents, bordés chacun de deux "satellites", disposés, dans un immense océan, autour d'une montagne centrale, le Mont Mérou. C'est cette même disposition qu'ont voulu reproduire les concepteurs de Samyé, selon les correspondances suivantes:
• le temple central (Utsé) = le Mont Mérou, montagne axiale de l'univers, au sommet de laquelle habitent les dieux;
• à l'est, le temple de Manjoushri (Jampel Ling), bodhisattva de la connaissance = le continent est, Vedeha;
• au sud, le temple d'Aryapalo (Aryapalo Ling), dédié à la divinité Hayagriwa = le continent sud, Jambudvipa;
• à l'ouest, le temple de Maitreya (Jampa Ling), le futur Bouddha = le continent ouest, Godaniya.
• au nord, le temple de la *bodhichitta* (Sèmkyé Ling), "l'esprit d'éveil", autrement dit la volonté d'atteindre l'éveil par amour pour tous les êtres = le continent nord, Uttara-Kuru.

Chacun de ces temples est flanqué par deux autres constructions représentant les satellites des continents. Deux édifices représentant le soleil et la lune complètent l'ensemble ainsi que quatre stoupas (vert, blanc, rouge et noir) destinés, lors des fondations, à river au sol les démons intempestifs. L'ensemble du monastère était autrefois entouré d'un vaste mur d'enceinte surmonté de petits stoupas, dans lequel s'ouvraient quatre portes aux quatre points cardinaux.

Le monastère de Samyé conserve dans la pierre — malgré les dommages infligés par la révolution culturelle chinoise — la présence vivante de ceux qui furent les trois principaux artisans de l'implantation du bouddhisme au Tibet:
- le roi Trisong Détsèn qui fut l'initiateur et le commanditaire du projet et dont le bras servit de mesure de référence;
- l'abbé Shantarakshita, qui dressa les plans;
- Padmasambhava, qui subjugua et mit au travail les démons, et qui, avec Shantarakshita, effectua la consécration.

Les trois joyaux de la couronne de Lhassa

Trois monastères, Gandèn, Drépoung et Séra, formaient autour de Lhassa comme une couronne lui assurant toute sa splendeur religieuse. Sans doute l'idée que nous avons d'un monastère est-elle celle d'un lieu regroupant au plus cent ou deux cent moines. Pour comprendre ce qu'étaient les très grands monastères de Lhassa, il faut changer complètement d'échelle: les moines s'y comptaient par milliers et non par centaines. Parler de "ville monastique" donnerait sans doute une idée plus juste de ces gigantesques institutions.

Ces trois monastères, outre leur importance numérique, jouèrent un rôle particulier dans l'histoire du Tibet dans la mesure où ils servirent à asseoir dans la province centrale la domination de l'ordre Guéloukpa, fondé au 15e siècle par le grand réformateur Tsong Khapa (1357-1419). Cependant, ils étaient avant tout de remarquables universités dans lesquelles les moines passaient quinze à vingt ans de leur vie à apprendre par cœur et à étudier les textes bouddhistes fondamentaux. L'institution était divisée en collèges, chacun enseignant un domaine particulier. Les moines, quant à eux, étaient regroupés en quartiers d'habitation selon leur région d'origine.

GANDÈN, situé à 45 km à l'est de la capitale, est le plus ancien des trois monastères, sa fondation remontant à 1409. Son nom, qui signifie "Lieu de la Joie", n'est autre que celui du domaine divin (en sanscrit Tushita) sur lequel régnait le Bouddha Shakyamouni avant de s'incarner sur la Terre et sur lequel règne à l'heure actuelle Maitreya, le futur Bouddha.

Le lieu de sa construction fut choisi par Tsong Khapa lui-même au cours d'une méditation et, dit-on, confirmé de manière miraculeuse par la grande statue du Jowo placée dans le Jokhang de Lhassa.

L'objet le plus vénéré du monastère était un stoupa d'or, installé dans le temple principal, renfermant le corps embaumé du fondateur assis en posture de méditation. Ce stoupa fut détruit en 1960. Des fragments du crâne de Tsong Khapa ainsi que d'autres reliques purent néanmoins être retrouvés et récemment enchâssés dans un nouveau stoupa plaqué d'or devant lequel les fidèles peuvent s'incliner.

Les abbés de Gandèn occupaient une place particulière dans la mesure où ils étaient les chefs de l'école Guéloukpa. Autre particularité: alors que les abbés de monastères suivaient la coutume tibétaine des "réincarnations", de sorte que, d'une certaine manière, c'était toujours le même lama qui retrouvait son siège, ceux de Gandèn étaient élus par un collège de lamas érudits.

Les Chinois se sont particulièrement acharnés sur Gandèn, réduisant à un amas de ruines fantomatiques ce qui fut un des fleurons de la civilisation monastique tibétaine. Avant l'invasion chinoise, Gandèn comptait quelque 3000 moines. Quelques centaines y résident désormais, s'efforçant de reconstruire une toute petite partie de ce qui fut rasé.

DRÉPOUNG, à 8 km à l'ouest de Lhassa, fut fondé en 1416 par Jamyang Tcheudjé, l'un des plus grands disciples de Tsong Khapa. Son nom signifie "Monceau de Riz" et traduit le sanscrit Dhanyakataka, lequel désigne un antique stoupa dans le sud de l'Inde où le Bouddha Shakyamouni révéla le tantra de Kalachakra. Ce stoupa tenait lui-même son nom d'une pluie de riz miraculeuse.

Drépoung fut certainement le plus grand monastère de toute l'histoire de l'humanité: un an après sa fondation, il regroupait déjà 2000 moines. Il atteignit son apogée au 17e siècle sous le règne du 5e Dalaï-Lama, comptant alors 10 000 moines! Il en restait encore 7000 avant l'invasion chinoise. On comprend aisément pourquoi sa grande salle d'assemblée ne couvrait pas moins de 1800 m², son plafond étant supporté par 183 piliers.

Drépoung a eu la chance d'être relativement épargné par les troupes chinoises, ce qui rend sa visite très intéressante.

Séra, qui se situe à seulement deux kilomètres au nord de Lhassa, fut fondé en 1419 par Sakya Yéshé, un autre grand disciple de Tsong Khapa. Inférieur en taille à Drépoung, le monastère de Séra, qui ne comptait "que" quelque 5000 moines, apparut toujours comme le rival de son grand frère. Une étymologie due à quelque plaisantin voudrait même que Séra signifie "Grêle Miséricordieuse", la Grêle étant celle qui détruit le "riz" de Drépoung.

Sera possédait un vajra regardé comme ayant servi de modèle à tous les vajras tibétains, découvert dans la grotte de Padmasambhava à Yerpa. Ce vajra n'était montré qu'une fois par an. Quant à la chapelle la plus vénérée, elle contenait une statue de la divinité irritée Hayagriwa, protecteur attitré du monastère.

Les bâtiments principaux de Séra ont été laissés pratiquement intacts par la révolution culturelle, même si de nombreuses constructions attenantes ont été détruites.

Sakya, le monastère de la terre grise

Sakya fut le premier grand monastère à jouer un rôle politique important, servant de siège à la position hégémonique qu'occupa l'ordre du même nom pendant la seconde moitié du 13e siècle.

Sur la terre (*sa*) grise (*kya*) qui lui vaudra son nom, fut fondé, en 1073, ce qu'on appelle le monastère de "Sakya Nord", car situé sur la rive nord de la rivière qui traverse les lieux, par Kong Tcheugal P'o. Ce ne fut d'abord qu'un petit monastère, qui prit son essor grâce au fils du fondateur, Kunga Nyingpo. Esprit très brillant, celui-ci sut présenter de manière systématique le corpus des enseignements Sakyapas et organiser autour de lui un ordre promis à un développement important. Il fut aussi connu comme étant le premier des Cinq Patriarches Sakyapas.

L'ordre connut son apogée sous l'autorité du 5e des patriarches, Lodreu Gyaltsèn, souvent désigné sous le nom de Pagpa (1235-1280). Il devint le lama de l'empereur mongol Kublai Khan, lequel, en retour, le favorisa de sa protection et de larges donations. Pagpa fit construire l'énorme monastère de "Sakya Sud" qui, après douze ans de travaux, fut achevé en 1276. Pour fêter l'événement, Pakpa, alors véritable chef du Tibet, réunit le concile de Tchoumik Tcheukhor qui, dit-on, rassembla 100 000 personnes.

Sakya fut réputé comme le monastère le plus riche en trésors artistiques et religieux de tout le Tibet, possédant notamment

3000 thangkas et 20 000 sculptures. La bibliothèque renfermait 20 000 volumes, dont le plus célèbre ne mesurait pas moins d'un mètre de long, entièrement écrit à l'encre d'or et d'argent; d'autres textes étaient des manuscrits hérités de l'Inde ancienne. Le grand temple contenait une statue du Bouddha de plus de dix mètres de haut, les piliers et les murs étant tendus de riches brocarts.

Sakya Nord est aujourd'hui en ruines; mais il reste les très beaux bâtiments de Sakya Sud que les pélerins, autant que les touristes, peuvent visiter avec intérêt.

Tsourpou, le siège des Karmapas

Le monastère de Tsourpou, niché à 4600 mètres d'altitude dans une étroite vallée à une soixantaine de kilomètres au nord-ouest de Lhassa, était regardé comme l'un des plus beaux du Tibet.

Tsourpou fut fondé en 1187 par Tusoum Khyènpa, le Premier Karmapa, héritier du grand ermite Milarépa et de son successeur Gampopa, qui prédit la construction du monastère. Le premier Karmapa eut lui-même la vision que Tsourpou était le mandala de la divinité tantrique Chakrasamvara.

Tusoum Khyènpa créa le monastère vers la fin de sa vie, achetant à une vieille femme cet endroit qui lui parut, par son isolement et sa configuration, propice à la retraite et à la méditation. Une chapelle appelée Tama Doutché rappelle l'endroit où le Karmapa fit faire les premiers travaux. Au-dessus du monastère, on peut voir encore le lieu où il passa de nombreuses années en retraite.

Tsourpou, siège de l'ordre Kagyupa, contenait de nombreuses richesses artistiques, dont la plus spectaculaire était l'immense statue du Bouddha construite selon les instructions de Karma Pakshi, le 2e Karmapa (cf. p. 124).

Au monastère primitif furent adjointes de nombreuses extensions au fil des siècles. Sans atteindre la taille des grands établissements Guéloukpas des environs de Lhassa, Tsourpou n'en abritait pas moins de 900 moines.

Le monastère subit plusieurs destructions partielles au cours de sa longue histoire. L'une des plus importantes lui fut infligée en 1642 par les Mongols alliés de l'ordre Guéloukpa, lequel cherchait alors à établir une complète hégémonie sur le Tibet central. Il fallut cependant attendre 1966 et la Révolution Culturelle pour une destruction complète. Les murs, épais de 3,5 mètres, offrirent tout d'abord leur résistance aux canons chinois. Une équipe de soldats fut alors dépêchée pour faire sauter le monastère à l'aide d'explosifs. Elle s'y attela de manière systématique et, en une semaine, réduisit en ruines et en poussières des siècles d'effort et de foi.

Une prophétie du 5ᵉ Karmapa dit: "Tsourpou sera détruit et reconstruit de nombreuses fois, mais le monastère restera présent jusqu'à la fin de ce monde." Au moins jusqu'à nos jours se vérifie-t-elle, puisque, avec l'autorisation du gouvernement de Lhassa, d'importants travaux de reconstruction ont été entrepris depuis 1984.

Il est intéressant de noter que Tusoum Khyènpa, le premier Karmapa, inaugura au Tibet la tradition des *tulkous*, ou "lamas réincarnés", qui allait y devenir si florissante. Il laissa en effet, avant de mourir, un document décrivant les circonstances de sa renaissance. Il put ainsi être retrouvé et devenir Karma Pakshi, le 2ᵉ Karmapa. Depuis lors, les Karmapas laissent toujours une lettre permettant de localiser leur nouvelle incarnation.

Koumboum
et l'arbre aux cent mille symboles

Le grand monastère de Koumboum nous transporte bien loin de Lhassa, dans l'Amdo, non loin de la frontière chinoise. Il fut fondé dans la deuxième moitié du 16ᵉ siècle par le 3ᵉ Dalaï-Lama, Seunam Gyatso, qui voulut par là honorer le lieu de naissance de Tsong Khapa.

C'est dans cette lointaine province que naquit en effet, en 1357, le fondateur de l'ordre Guéloukpa, les circonstances mêmes de sa venue au monde laissant prévoir un grand destin.

L'ARBRE ISSU DU SANG - Selon la tradition, les parents de Tsong Khapa, un couple de nomades, avaient planté leur tente près d'un point d'eau lorsque naquit l'enfant. Miraculeusement, du sang de l'accouchement naquit un arbre qui allait se révéler extraordinaire.

Bien qu'identifié par des botanistes comme étant un "santal blanc" (Syringa Villosa), il semble au Tibet n'être apparenté à aucun autre et, que ce soit par bouture ou par semis, n'avoir jamais pu être reproduit. Le plus étrange n'est cependant pas là, mais réside dans le fait que ses feuilles recèlent le dessin de symboles sacrés: des silhouettes de bouddhas selon certaine tradition, mais plus vraisemblablement des lettres tibétaines sacrées représentant les dits bouddhas. Le monastère en a tiré son nom, *Koumboum*, signifiant "Cent Mille Images" (du Bouddha).

L'arbre, aujourd'hui, n'est plus visible. Il l'était encore lorsque le père lazariste Huc visita les lieux en 1845. Son témoignage, qu'on ne peut guère taxer de superstition ni d'aveuglement, ne manque pas d'intérêt:

"Nous entrâmes dans cette vaste cour et nous pûmes examiner à loisir l'arbre merveilleux dont nous avions déjà aperçu au-dehors quelques branches. Nos regards se portèrent d'abord avec une avide curiosité sur les feuilles et nous fûmes consternés d'étonnement en voyant, en effet, sur chacune d'elles, des caractères tibétains très bien formés; ils sont d'une couleur verte, quelquefois plus foncée, quelquefois plus claire que la feuille elle-même. Notre première pensée fut de soupçonner la supercherie des lamas; mais après avoir tout examiné avec l'attention la plus minutieuse, il nous fut impossible de découvrir la moindre fraude. Les caractères nous parurent faire partie de la feuille, comme les veines et les nervures; la position qu'ils affectent n'est pas toujours la même; on en voit tantôt au sommet ou au milieu de la feuille, tantôt à sa base ou sur les côtés; les feuilles les plus tendres représentent le caractère en rudiments et à moitié formé;

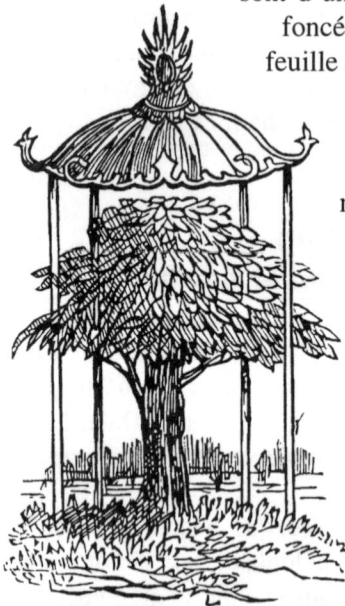

L'Arbre aux Cent Mille Images, selon les croquis du Père Huc.

l'écorce du tronc et des branches, qui se lève à peu près comme celle des platanes, est également chargée de caractères. Si on détache un fragment de vieille écorce, on aperçoit sur la nouvelle les formes indéterminées des caractères qui, déjà, commencent à germer; et, chose singulière, ils diffèrent assez souvent de ceux qui étaient par-dessus. [...]

L'arbre des dix mille Images nous parut très vieux; son tronc, que trois hommes pourraient à peine embrasser, n'a pas plus de huit pieds de haut; les branches ne montent pas,

mais elles s'étendent en panache et sont extrêmement touf-
fues; quelques-unes sont desséchées et tombent de vétusté;
les feuilles demeurent toujours vertes; le bois, d'une couleur
rougeâtre, a une odeur exquise et qui approche un peu celle
de la cannelle. Les lamas nous dirent que, pendant l'été, vers
la huitième lune, il produit de grandes fleurs rouges d'une
extrême beauté. On nous a assuré aussi que nulle part il
n'existait d'autre arbre de cette espèce." (Régis-Evariste Huc,
Souvenirs d'un Voyage dans la Tartarie et le Thibet, Paris, 1850)

Thoubtèn Jigmé Norbou, un des frères de l'actuel Dalaï-Lama,
qui fut abbé de Koumboum avant d'être contraint à l'exil par les
événements, rapporte que lui-même, malgré sa position, n'a
jamais pu voir l'arbre, un grand stoupa (*tcheutèn*) ayant été édifié tout autour pour le protéger.

"Les constantes attentions des chasseurs de souvenirs,
explique-t-il, doivent malheureusement avoir menacé
l'arbre et motivé sa mise à l'abri. Il y a une porte au bas du
tcheutèn, mais elle fut scellée à l'achèvement de l'ouvrage
et elle n'a été ouverte qu'une fois depuis lors. […] La porte
fut ouverte il y a quelque soixante-dix ans pour procéder à
un nettoyage et, en ressortant, le moine chargé du travail
trouva une feuille qui était tombée sur son épaule. Elle avait
toujours l'inscription fermement marquée. Il prit la feuille
pour la conserver et beaucoup de gens l'ont vue." (Thoubtèn
Jigmé Norbou et Colin M. Turnbull, *Le Tibet*, Paris 1968)

Le monastère de Koumboum, le plus grand de l'Amdo, a eu la
chance d'être pratiquement épargné par la tourmente chinoise, de
sorte qu'on peut le voir tel qu'il était à l'époque de sa splendeur
passée, un bon nombre de moines en moins.

LE GENÉVRIER À L'ODEUR DE CHEVEUX - Il est à noter une sorte
de lien persistant entre les arbres et Tsong Khapa . Celui-ci commença en effet tout jeune son éducation religieuse au monastère de
Shardzong; c'est là qu'il reçut aussi la première ordination monastique que lui conféra le 4e Karmapa, Reulpei Dorjé. Au cours de la
cérémonie, le Karmapa, comme il se doit, coupa une mèche de
cheveux de l'enfant, qu'il jeta ensuite sur un roc voisin. Sur celui-
ci poussa un genévrier exhalant une odeur de cheveux.

Thoubtèn Jigmé Norbou passa lui aussi ses premières années
de jeune moine à Shardzong. "Je m'asseyais d'ordinaire, se rap-
pelle-t-il, près du rocher d'où sortait le genévrier et je m'émer-
veillais de l'étrange odeur de cheveux humains."

Tashi Lhunpo, siège des Panchèn-Lamas

Dans la plaine en bordure de la ville de Shigatsé, le monastère de Tashi Lhunpo, "Heureux Augures Spontanés", était le plus important de la province de Tsang, qui s'étend à l'ouest de Lhassa, et l'un des établissements majeurs de l'ordre guéloukpa.

Il fut entrepris en 1447 par un neveu et disciple de Tsong Khapa, Guèndun Droup, qui allait, par la suite, être connu sous le nom de Premier Dalaï-Lama. La construction, destinée originellement à abriter une statue du Bouddha Shakyamouni, dura douze ans.

Tashi Lhunpo devint par la suite, grâce au 5ᵉ Dalaï-Lama qui conféra ce titre aux abbés du lieu, le siège des Panchèn-Lamas, occupant dans la hiérarchie tibétaine le second rang après les Dalaï-Lamas.

Pillé à plusieurs reprises dans le passé, Tashi Lhunpo fut épargné par les Chinois qui, pour des raisons politiques, ménagèrent le Panchèn-Lama, espérant, à tort, qu'il accepterait de jouer leur jeu et de prendre la place du Dalaï-Lama. Aussi est-ce un magnifique ensemble que l'on peut encore contempler avec ses toits d'or, ses vastes terrasses et ses multiples temples. On peut, notamment, y voir une gigantesque statue (26 mètres de haut!) de Maitreya, le futur Bouddha, édifiée en 1914 (cf. p. 124).

Le temple-stoupa de Gyantsé

Le Gyantsé Koumboum, construit au début du 15ᵉ siècle, est sans doute l'une des constructions les plus harmonieuses du Tibet. Haut de plus de trente mètres, à la fois stoupa et temple, il recèle dans les cinq niveaux de sa structure pyramidale en terrasses rien moins que 68 chapelles et tant de peintures et de statues qu'elles lui ont valu son nom: Koumboum, les "Cent Mille Images" (à ne pas confondre avec le monastère de Koumboum dans l'Amdo). L'ensemble est surmonté d'une partie cylindrique que couronne une flèche trapue couverte d'or.

Remarquable par son architecture en forme de mandala, Gyantsé ne l'est pas moins par ses fresques du 15ᵉ siècle, d'une grande délicatesse, reflétant l'influence népalaise.

Les temples bouddhistes de France

Quittons le Tibet, quittons les époques lointaines, pour faire un grand saut dans l'espace et dans le temps et revenir dans notre France de la fin du 20ᵉ siècle.

Le bouddhisme tibétain en France est une importation très récente. Ce n'est, en effet, que dans les années soixante-dix que commencèrent à s'implanter, à la demande de disciples occidentaux qui avaient voyagé en Inde, des "centres du dharma", autrement dit des communautés bouddhistes dans lesquelles résidaient des lamas. Il aura fallu moins de trente ans pour que certaines d'entre elles trouvent l'inspiration, l'énergie et les moyens pour construire, avec les moyens modernes, de véritables répliques de l'architecture tibétaine.

Faute de place, nous ne mentionnerons pas ici, bien qu'ils le mériteraient, ceux de ces centres, très nombreux, qui ont aménagé un temple aux couleurs tibétaines dans un bâtiment préexistant; nous présenterons seulement les temples dont la construction elle-même est de style tibétain. Nous donnons en appendice les coordonnées exactes de ces différents lieux.

KAGYU-DZONG À VINCENNES - Le temple de Kagyu-Dzong est un petit joyau d'architecture tibétaine pointant sa flèche dorée au beau milieu du Bois de Vincennes, en bordure du lac. Construit à l'initiative de Kalou Rimpotché et grâce aux plans de l'architecte aixois renommé Jean-Luc Massot, achevé et inauguré en 1983, il se trouve gracieusement hébergé par la Ville de Paris dans l'enceinte de la Pagode de Vincennes, vestige de l'exposition coloniale de 1931.

Le bâtiment comprend deux niveaux, un sous-sol et une belle terrasse. Le temple à proprement parler occupe une surface d'environ 50 m² au premier étage. Des enseignements et des rituels s'y déroulent régulièrement.

KAGYU-LING EN BOURGOGNE - Situé au cœur de la Bourgogne romane, le Temple des Mille Bouddhas, fleuron du centre Kagyu-Ling, impressionne le visiteur par sa masse imposante, par la profusion des couleurs et par la richesse de sa décoration. Construit entre 1982 et 1987 sous la direction de l'architecte Jean-Luc Massot, il s'élève sur trois niveaux, symboles du corps, de la parole et de l'esprit des bouddhas. Mesurant 26 m de long, 22 m de large et 20 m de haut, il peut accueillir dans la grande salle du rez-de-chaussée plusieurs centaines de personnes.

Tout en se référant à Samyé comme modèle, il reflète un style plus bhoutanais que tibétain. Il fut consacré et inauguré le 22 août 1987 par Kalou Rimpotché. Trois énormes statues d'argile peinte, réalisées par des sculpteurs bhoutanais, occupent la place centrale à l'intérieur du temple, représentant le Bouddha Shakyamouni, le yogi tantrique Padmasambhava et la déesse Tara. De nombreux artistes, tant orientaux qu'occidentaux, ont participé à l'exécution des fresques extérieures et intérieures.

Kagyu-Ling se situe dans un paysage de collines verdoyantes à une trentaine de kilomètres d'Autun et de Montceau-les-Mines, près du village de Toulon-sur-Arroux.

KAGYU RINCHÈN TCHEU LING À MONTPELLIER - Montpellier est la seule ville de France, avec Paris, à posséder un temple tibétain, dont le pignon d'or brille comme un mirage inattendu, route de Mende, en lisière de la ville méditerranéenne. Le gros œuvre fut effectué entre mai 1987 et septembre 1988, sous la direction de Michel Gazost, ingénieur compétent et fort adroit de ses mains. Seuls des bénévoles ont participé au chantier, des compagnons de la Communauté de l'Arche étant un moment venus prêter main-forte.

Le temple, d'une surface de 80 m², présente la particularité d'être en bois, bois des Pyrénées, très exactement, d'où l'on fit venir 17 tonnes de pin Douglas prédécoupé. L'ensemble repose sur 22 plots de béton armé s'enfonçant jusqu'à trois mètres dans le sol.

Les peintures extérieures et intérieures ont été exécutées par le moine Tènpa Rabgyé, un élève du maître réputé Guéga Lama, au cours de deux séjours de six mois chacun.

Les travaux furent bénis en septembre 1987 par Kalou Rimpotché — qui reçut alors la visite du maire de la ville venu apporter ses encouragements au projet. Quant à la consécration, elle fut accomplie par Bokar Rimpotché en août 1990.

KARMA MIGYUR LING DANS LE VERCORS - Entre Grenoble et Valence, le temple de Karma Migyur Ling, accroché aux flancs du Vercors, domine la belle vallée de l'Isère. Commencés en août 1991 sur des plans de l'architecte lausannois Atila Ismet, les travaux ont duré cinq ans. Le gros œuvre fut exécuté par des entreprises, tandis que les aménagements intérieurs ainsi que les principaux éléments décoratifs ont été effectués par des résidents du centre. Les très riches fresques et peintures qui couvrent les murs ont été réalisées par l'artiste tibétain Tséring Wangtchouk, de

Tashijong, assisté de son épouse et d'une dizaine de bénévoles.

En 1993, le temple, dont les travaux intérieurs n'étaient alors pas achevés, fut béni par le Dalaï-Lama, qui ne cacha pas sa joie de voir ce précieux édifice rayonner fièrement sur les Alpes.

Le bâtiment, d'un style tibétain s'inscrivant harmonieusement dans le cadre de la montagne, comprend cinq niveaux:
- le premier est occupé par des studios à l'usage des stagiaires;
- le deuxième par une salle de yoga et une bibliothèque;
- le troisième par le temple à proprement parler, d'une surface de 230 m²;
- le quatrième par des appartements destinés aux grands lamas en visite;
- le cinquième par un petit temple consacré au protecteur Mahakala.

Une grande statue du Bouddha Shakyamouni en laiton doré occupe la place centrale sur l'autel, entourée de 999 autres petites statues. Ensemble, elles représentent les mille bouddhas devant se manifester au cours de notre ère cosmique, appelée le Bon Kalpa, Shakyamouni étant le quatrième de la série.

La totalité du canon bouddhiste, *Kangyour* et *Tèngyour* (cf. p. 94), est soigneusement rangée dans une bibliothèque à droite de l'autel.

LE BOST EN AUVERGNE - Non loin de Saint-Gervais d'Auvergne, fut acquise en 1983 la propriété du Bost afin d'établir un centre de retraite prolongeant le centre du dharma de Dhagpo Kagyu Ling, en Dordogne. Dirigé par Guèndune Rimpotché (décédé en 1997), ce creuset de pratique attira rapidement de nombreux retraitants, devenant aussi le foyer d'une communauté monastique importante. Afin d'abriter convenablement les disciples du Bouddha, furent bientôt créés, sous l'impulsion de Guèndune Rimpotché, deux monastères, un pour les moines, un pour les moniales, et lancé le projet d'un grand temple, lieu de rassemblement pour tous les fidèles, ordonnés et laïcs.

Les travaux du temple ont commencé en 1993, sur un site surplombant un lac et la chaîne des Puys. Comprenant trois niveaux, surmonté par un toit en pagode, ses murs en "fruit" s'élevant harmonieusement, il représente la parfaite intégration au pays des volcans du style du Pays des Neiges. Un jardin d'inspiration japonaise est progressivement modelé afin de lui servir d'écrin.

Entièrement réalisée par des artistes européens formés à l'art sacré traditionnel, une très riche décoration intérieure est déjà mise en œuvre: statue du Bouddha de plus de cinq mètres de haut, entouré de ses deux disciples principaux et de mille autres statuettes ainsi que des écritures canoniques, fresques, vitraux, brocarts, etc.

L'achèvement des travaux et l'ouverture du temple au public sont prévus aux alentours de 2005.

EN EUROPE, il faut encore mentionner le grand temple de Samyé-Ling, en Ecosse.

Enfin, n'oublions pas, situé dans un paysage somptueux, le temple de Dag Shang Kagyu, dans les Pyrénées espagnoles.

APPENDICES

Quelques règles de comportement

Les Tibétains sont très attentifs à observer un certain nombre d'usages regardés comme des signes de respect à l'égard de tout ce qui présente un caractère sacré ou religieux. Bien qu'ils comprennent que les étrangers puissent ignorer ces quelques règles élémentaires, on évitera néanmoins de les choquer en s'y conformant.

TOURNER DANS LE SENS DES AIGUILLES D'UNE MONTRE - Un monument sacré, que ce soit un temple ou un stoupa, se contourne toujours dans le sens des aiguilles d'une montre, ce qu'apprit fort bien le capitaine Haddock dans *Tintin au Tibet*. S'il est facile d'y penser lorsqu'on contourne un stoupa, il faut faire un petit effort pour s'en souvenir lorsqu'on visite l'extérieur d'un temple.

ENLEVER SES CHAUSSURES est une nécessité avant de pénétrer à l'intérieur d'un temple. Précaution pour éviter de salir le lieu, c'est aussi le signe que nous laissons à l'extérieur notre esprit profane et que nous sommes prêts à nous ouvrir humblement à la dimension sacrée.

UNE TENUE VESTIMENTAIRE CORRECTE marquera également le respect que nous accordons au lieu et montrera aux Tibétains que nous ne sommes pas des "sauvages" sans aucune éducation. Les mini-jupes et les shorts sont notamment à proscrire.

NE PAS ENJAMBER une personne ou tout objet ayant un caractère sacré paraît un signe de respect indispensable aux yeux des Tibétains. Lors des assemblées où la foule se presse, il faut donc veiller à ne pas enjamber ne serait-ce qu'un morceau de la robe d'un moine assis au sol, ni un texte sacré déposé sur une tablette ou sur un coussin, ni tout autre objet de culte.

NE PAS TENDRE LES JAMBES - Il est considéré comme irrespectueux, lorsqu'on est assis par terre, de tendre les jambes vers un autel, un lama, une statue, une thanka, un texte, etc. Les Tibétains, habitués à se tenir jambes croisées depuis tout petits, témoignent toutefois de l'indulgence à l'égard des Occidentaux aux jambes si raides qu'ils ne peuvent les replier…

UN COMPORTEMENT DISCRET est, d'une manière générale, une règle que le bon sens nous impose: parler à voix basse, ne pas toucher aux instruments de musique, ni aux textes, ni aux autres objets, demander la permission avant de photographier un lama ou un moine, etc.

LES PROSTERNATIONS, marque d'humilité et de respect, qu'effectue un bouddhiste en entrant dans un temple, ne sont évidemment pas un acte requis pour les non-bouddhistes.

Principaux jours de fêtes

Le calendrier tibétain est réglé sur la lune, chaque mois commençant à la nouvelle lune, à l'inverse du calendrier grégorien qui suit l'année solaire. Il en résulte un certain décalage, de sorte qu'on ne peut assigner une date occidentale fixe aux fêtes tibétaines.

Quatre dates commémorent des événements de la vie du Bouddha:

• TCHOTRUL DUTCHÈN: du 1er au 15e jour du 1er mois tibétain: commémoration de l'Accomplissement des Prodiges (pour accroître le mérite de ses disciples, le Bouddha, à un certain moment, accomplit un prodige différent quinze jours de suite);

• WÉSAK: le 15e jour (pleine lune) du 4e mois: commémoration de la Conception, de l'Illumination et du Parinirvana (décès) du Bouddha;

• TCHEUKHOR DUTCHÈN: le 4e jour du 6e mois: commémoration du Premier Enseignement;

• LHABAB DUTCHÈN: le 22e jour du 9e mois: commémoration de la Descente du Monde des Dieux (où le Bouddha était allé enseigner sa mère, décédée quelque temps après sa naissance).

Les bouddhistes considèrent que les actions vertueuses accomplies lors de ces jours sacrés entraînent pour celui qui les accomplit beaucoup plus de mérite que lorsqu'elles sont faites un jour ordinaire.

Par ailleurs, certains jours de chaque mois sont regardés comme particulièrement positifs:
• les 3 jours du Bouddha: 8e (premier quartier lunaire), 15e (pleine lune) et 30e (lune noire);
• le 10e jour du mois est propice aux *ganachakra* (tib. *tsok gui khorlo*), grands rituels d'offrandes en relation avec les divinités; c'est notamment le jour de Padmasambhava;
• le 25e jour, jour des Dakinis (équivalent des anges);
• le 29e jour, jour des Protecteurs (cf. p. 76).

Selon les lignées, d'autres fêtes sont consacrées à des lamas importants ou à telle ou telle divinité.

La plus grande fête tibétaine reste toutefois le NOUVEL AN (LOSAR), célébré de manière plus laïque que religieuse. Le premier jour de l'année tibétaine tombe entre février et mars de notre calendrier, l'année commençant le mois lunaire dans lequel le soleil entre dans le signe zodiacal du Bélier.

PRINCIPES DU CALENDRIER TIBÉTAIN - Les années tibétaines sont désignées par le nom d'un animal et par celui d'un élément. Etant donné qu'il y a 12 animaux (souris, bœuf, tigre, lièvre, dragon, serpent, cheval, mouton, singe, oiseau, chien, cochon) et 5 éléments (bois, feu, terre, fer, eau), un cycle complet comprend 60 ans.

Il existe par ailleurs une autre manière de compter les années tibétaines, peu usitée, qui consiste à partir de la venue sur la Terre du premier roi tibétain, Nyatri Tsènpo, qui, selon la légende, descendit du ciel pour venir au Tibet, 127 ans avant J.C. On parle alors de "l'année royale". On aura, par exemple, les correspondances suivantes, les années grégoriennes étant indiquées à gauche et les années royales à droite:

1930	cheval-fer	2057		1973	bœuf-eau	2100
1931	mouton-fer	2058		1974	tigre-bois	2101
1932	singe-eau	2059		1975	lièvre-bois	2102
1933	oiseau-eau	2060		1976	dragon-feu	2103
1934	chien-bois	2061		1977	serpent-feu	2104
1935	cochon-bois	2062		1978	cheval-terre	2105
1936	souris-feu	2063		1979	mouton-terre	2106
1937	bœuf-feu	2064				
1938	tigre-terre	2065		1980	singe-fer	2107
1939	lièvre-terre	2066		1981	oiseau-fer	2108
				1982	chien-eau	2109
1940	dragon-fer	2067		1983	cochon-eau	2110
1941	serpent-fer	2068		1984	souris-bois	2111
1942	cheval-eau	2069		1985	bœuf-bois	2112
1943	mouton-eau	2070		1986	tigre-feu	2113
1944	singe-bois	2071		1987	lièvre-feu	2114
1945	oiseau-bois	2072		1988	dragon-terre	2115
1946	chien-feu	2073		1989	serpent-terre	2116
1947	cochon-feu	2074				
1948	souris-terre	2075		1990	cheval-fer	2117
1949	bœuf-terre	2076		1991	mouton-fer	2118
				1992	singe-eau	2119
1950	tigre-fer	2077		1993	oiseau-eau	2120
1951	lièvre-fer	2078		1994	chien-bois	2121
1952	dragon-eau	2079		1995	cochon-bois	2122
1953	serpent-eau	2080		1996	souris-feu	2123
1954	cheval-bois	2081		1997	bœuf-feu	2124
1955	mouton-bois	2082		1998	tigre-terre	2125
1956	singe-feu	2083		1999	lièvre-terre	2126
1957	oiseau-feu	2084				
1958	chien-terre	2085		2000	dragon-fer	2127
1959	cochon-terre	2086		2001	serpent-fer	2128
				2002	cheval-eau	2129
1960	souris-fer	2087		2003	mouton-eau	2130
1961	bœuf-fer	2088		2004	singe-bois	2131
1962	tigre-eau	2089		2005	oiseau-bois	2132
1963	lièvre-eau	2090		2006	chien-feu	2133
1964	dragon-bois	2091		2007	cochon-feu	2134
1965	serpent-bois	2092		2008	souris-terre	2135
1966	cheval-feu	2093		2009	bœuf-terre	2136
1967	mouton-feu	2094				
1968	singe-terre	2095		2010	tigre-fer	2137
1969	oiseau-terre	2096		2011	lièvre-fer	2138
				2012	dragon-eau	2139
1970	chien-fer	2097		2013	serpent-eau	2140
1971	cochon-fer	2098		2014	cheval-bois	2141
1972	souris-eau	2099		2015	mouton-bois	2142

Adresses

1 - Centres du dharma ayant construit un temple tibétain

Kagyu Dzong
40 route circulaire du lac Daumesnil
75012 Paris
01 40 04 98 06
Métro le plus proche: Porte Dorée.
Il est nécessaire de se renseigner pour les heures d'ouverture.

Kagyu Ling
Temple des Mille Bouddhas
Château de Plaige
71320 La Boulaye
03 85 79 62 53
Situé entre les villages de Toulon-sur-Arroux et d'Etang-sur-Arroux,
non loin d'Autun et de Le Creusot.
Gare la plus proche: Etang-sur-Arroux.
Gare TGV la plus proche: Montchanin.

Kagyu Rinchèn Tcheu Ling
2468 route de Mende
34100 Montpellier
04 67 52 56 58
Il est nécessaire de se renseigner pour les heures d'ouverture.

Karma Migyur Ling
Montchardon
38160 Izeron
04 76 38 33 13
Situé entre Grenoble et Valence, sur la rive gauche de l'Isère, en surplomb du petit village d'Izeron.
Gare la plus proche: Saint-Marcellin.

Kundreul Ling
Le Bost
63640 Biollet
04 73 52 24 34
Situé à une soixantaine de kilomètres de Clermont-Ferrand.
Gare la plus proche: Saint-Gervais d'Auvergne.
Temple ouvert au public aux alentours de 2005.

Dag Shang Kagyu
Apdo. 17
22430 - Panillo-Graus (Huesca)
Espagne
00 34 974 34 70 09

Situé dans les Pyrénées espagnoles, non loin de la frontière française et de Bagnères-de-Luchon, dans la province de Huesca. Les villes espagnoles les plus proches sont Huesca et Barbastro.

SAMYE LING
Eskdalemuir - Nr. Lanholm
Dumfriesshire
DG130QL
Grande-Bretagne.
44 013873 732 32
Situé au cœur de l'Ecosse.

2 - CENTRES PRÉSENTANT UN INTÉRIEUR DE STYLE TIBÉTAIN

Ces centres sont trop nombreux pour que nous puissions tous les citer ici. Pour une liste complète, nous vous demandons de vous reporter au *Guide du Tibet en France* (éditions Claire Lumière). Nous ne pouvons donner ici que les plus importants d'entre eux.

CENTRE D'ÉTUDES DE CHANTELOUBE
La Bicanderie
24290 St-Léon-sur-Vézère
05 53 50 75 24

DHAGPO KAGYU LING
24290 St-Léon-sur-Vézère
05 53 50 70 75

DROUK TOUBTEN TCHEUKHOR LING
"Bel Avenir"
56770 Plouray
02 97 34 82 65

GANDÈN LING
Chemin de la Passerelle
77250 Veneux-les-Sablons
01 64 31 14 82

KAGYU YI-ONG LING
Mas des Molières
30440 Saint-Laurent-le-Minier
04 67 73 81 33

KARMA LING
Hameau de Saint-Hugon
73110 Arvillard
04 79 25 78 00

INSTITUT KARMAPA
3 chemin rural de la Ferrière
06750 Valderoure
04 93 60 90 16

LÉRAB LING
L'engayresque
34650 Roqueredonde
04 67 44 41 99

NGOR EWAM PHENDÉ LING
3 rue du Bout de la Ville
27180 Les Ventes
02 39 14 99 68

SAKYA TSÉCHÈN LING
5 rond-point du Vignoble
67520 Kuttolsheim
03 88 87 73 80

VAJRADHARA LING
Domaine du château d'Osmont
Aubry-le-Panthou
61120 Vimoutiers
02 33 39 00 44

VAJRA YOGINI
Château d'En Clauzade
81500 Marzens
05 63 58 17 22

Nous remercions pour leurs photographies:

Lama Kalzang, Lama Namgyal, Lama Ngawang,
Cécile Appel, Frédéric Catin, Marc Guille,
Georges Léminhbach, Alain Sillard.

Achevé d'imprimer,
avec les films fournis,
en avril 1998
par **lienhart** IMPRIMERIE LIENHART
à Aubenas d'Ardèche

Dépôt légal avril 1998
N° d'imprimeur : 9682
Printed in France